# Técnicas operativas en almacén

Luis Carlos Hernández Barrueco

*Con la colaboración de:*

www.logisnet.com

*Colección:* Biblioteca de logística
Director: David Soler

**Técnicas operativas en almacén. Aurum 2F**
1.ª edición, 2017

© 2017, Luis Carlos Hernández Barrueco
© de esta edición, incluido el diseño de la cubierta, ICG Marge, SL
*Procedencia de las ilustraciones:* Archivos del autor y Marge Books

*Edita:* Marge Books
Avda. Alcalde Moix, 28 - 08207 Sabadell (Barcelona)
Tel. 931 429 486 - marge@margebooks.com
www.margebooks.com

*Gestión editorial:* Hèctor Soler
*Edición:* Cristina Torres, Alba Megías, Anna Vinyals
*Compaginación:* Mercedes Lara
*Infografía:* Geray Serrano, Juan Zamora

ISBN: 978-84-16171-32-3-F
Depósito Legal: B 6790-2017

A Justino Hevia, maestro de maestros,
de quien aprendí muchas de las técnicas que aquí se plasman




Vale más poner un ladrillo todos los días en la realidad,
que construir la gran muralla china en los sueños.

L. CARLOS HERNÁNDEZ BARRUECO

# Unidades temáticas 

**Aurum 1A**

Técnicas para la gestión financiera en logística

**Aurum 1B**

Técnicas para innovar y gestionar proyectos en logística

**Aurum 1C**

Técnicas de planificación industrial y gestión de existencias

**Aurum 1D**

Técnicas de cálculo con vehículos y unidades de transporte

**Aurum 2E**

Técnicas para ahorrar costos en el transporte

**Aurum 2F**

Técnicas operativas en almacén

**Aurum 2G**

Técnicas y fórmulas de estiba de las mercancías

**Aurum 2H**

Técnicas para ahorrar costos en operativas especiales

# Índice

# El autor

Luis Carlos Hernández Barrueco (Vitoria, 1972) es licenciado en Ciencias Políticas por la Universidad del País Vasco. Cursó el Máster en Dirección Logística Integral (CSG), estudios de Comisario de Averías (Colegio Oficial de la Marina Mercante) y posee otros títulos relacionados con la Dirección Logística integral, Calidad, PRL y *Management.*

Tras veinte años de desempeño en el sector logístico, tiene experiencia en todos sus ámbitos, donde ha ocupado puestos de responsabilidad en empresas multinacionales, como jefe de planta en Steco–Allibert, adjunto al director de Operaciones en Norbert Dentressangle, director de Logística y Control de la Producción en Faurecia y responsable de Logística en Levantina y Asociados de Minerales.

El autor también ejerce como profesor de Logística y ha diseñado los campus virtuales *(e-learning)* de diversas escuelas de negocios. Es una figura relevante en la educación 3.0, con el empleo de tecnologías como la realidad aumentada o simuladores, campo donde realizó el primer curso de aprendizaje en línea con Google Glass y Epson Moverio BT200.

# Introducción

La logística es un área profesional que engloba el transporte, el almacenaje, la distribución de productos, la planificación industrial y, en ocasiones, incluso las compras y el aprovisionamiento. Sin embargo, es una disciplina difícil de aprender porque apenas existe formación reglada sobre estas áreas (estudios universitarios, ciclos de formación profesional o de capacitación, por ejemplo), de modo que se transmite principalmente a través de seminarios, programas o másteres no estandarizados. Por lo general, esto supone una formación diferente en cada caso y sin un criterio común sobre el contenido necesario que hay que saber para desempeñar una determinada actividad.

Por otro lado, aunque en el aprendizaje de la logística tiene una gran relevancia la práctica, la mayor parte de la formación impartida es teórica, a través de clases magistrales, con lo que no se consigue ofrecer una visión global sobre ella.

Motivados por crear una metodología de aprendizaje innovadora en el ámbito logístico, basada en la **microformación,** hemos desarrollado el método AURUM. Esta es una **metodología didáctica,** organizada para dar cohesión a los diferentes y disgregados conocimientos que se precisan para llevar a cabo las distintas funciones logísticas, y así facilitar su aprendizaje mediante una sistemática progresiva. El soporte utilizado es, preferentemente, el aprendizaje visual y físico en el que se emplean, además, las tecnologías de la información y la comunicación.

## ¿Qué es una destreza profesional?

Es la habilidad para realizar un proceso concreto de trabajo con eficacia y de manera correcta. Dentro de las destrezas se encuentran las técnicas, las tácticas o estrategias, la ejecución de procedimientos o protocolos y otras habilidades necesarias para la ejecución de un trabajo determinado.

En el ámbito de la logística, como en la mayoría de países no existe una formación estandarizada, los profesionales que quieran dedicarse a esta actividad se ven forzados a realizar estudios no diseñados para este propósito. Con lo cual, el rendimiento obtenido en relación con las horas invertidas es bajísimo. Esto se puede representar con la siguiente fórmula:

$$\text{Rendimiento educativo} = \frac{\text{Destrezas utilizables en un puesto de trabajo}}{\text{Horas invertidas}}$$

Ejemplo:

$$\text{Rendimiento educativo carrera cuatro años} = \frac{40}{4.800} = 0{,}08 \text{ destrezas/hora}$$

La mayoría de profesionales que quieren dedicarse a la logística realizan unos estudios base, con el fin de obtener un título universitario o de formación profesional, y complementan posteriormente su formación mediante masters, seminarios o programas.

Sin embargo, muchos desconocen las destrezas profesionales necesarias para desempeñar con soltura un determinado empleo. Si esto estuviese tipificado a nivel general, o de manera específica por parte de las empresas contratantes, podrían establecerse programas formativos acorde a estas destrezas, multiplicando enormemente el rendimiento formativo, que se obtiene de la división entre las destrezas utilizables y las horas invertidas.

Pero no solo hay que tener en cuenta el qué, sino también el cómo aprender. No se puede aprender algo complejo y aplicarlo magistralmente de manera inmediata, sino que hay una curva de aprendizaje. Se evoluciona desde el conocimiento del concepto hasta su ejecución práctica con destreza. Esto se puede ver representado en el siguiente gráfico:

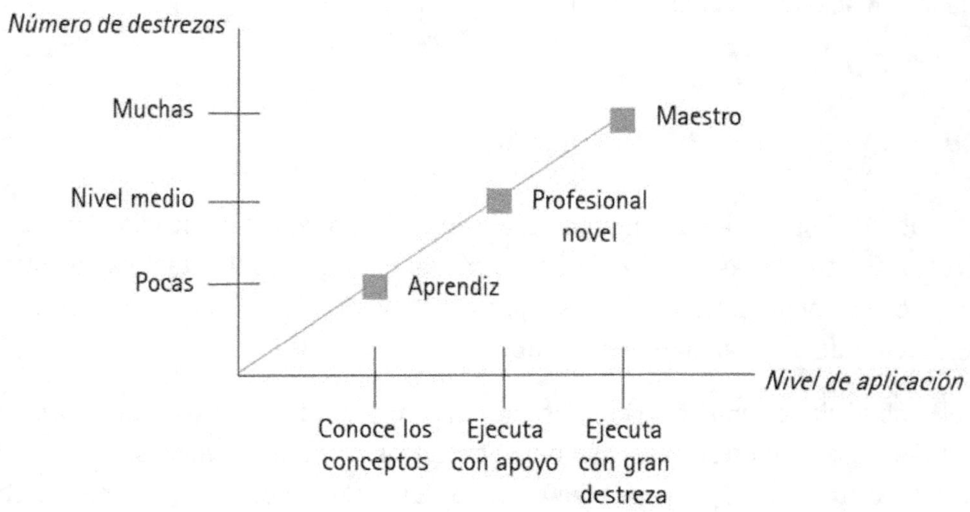

# Metodología AURUM

Los conocimientos sobre logística se pueden aprender y aplicar a través de **las técnicas, las tácticas y las estrategias.** Para el estudio y el perfeccionamiento de un conocimiento es necesario potenciar las técnicas relacionadas con la visión y la práctica. Para ello, hay que apoyarse en una formación que transmita un aprendizaje de estas técnicas y que dé paso a su aplicación conjunta mediante las tácticas apropiadas. Lo que se pretende es adquirir la destreza para su aplicación y llegar a un nuevo nivel: el del pensamiento estratégico, que abre las puertas a la innovación, a la redefinición de procesos y a la mejora de todos los conocimientos adquiridos.

La metodología AURUM se desarrolla en tres fases de aprendizaje y este libro forma parte de la primera fase, la de las técnicas. La segunda fase está destinada a las tácticas, que combinan diferentes técnicas, y la tercera está destinada a las estrategias, donde se aplican los conocimientos adquiridos en una orientación determinada.

A su vez, cada fase se expone a través de áreas de conocimiento agrupadas en torno a tres ejes temáticos:

- Innovación, planificación y gestión en logística.
- Operativas de transporte y almacén.
- Ejecución y medición del servicio.

Esta edición, presentada en forma de **fichas de microformación,** está dedicada al segundo eje temático, donde se reúne un compendio de técnicas y fórmulas relacionadas con las siguientes áreas:

- Ahorro de costos en el transporte.
- Operativas en almacén.
- Estiba de las mercancías.
- Operativas especiales.

AURUM se plantea como una guía didáctica 3.0 con el apoyo de enlaces (códigos QR) con los que ampliar el conocimiento. En definitiva, AURUM es una metodología desarrollada para proporcionar las destrezas que se precisan para realizar el trabajo diario en logística.

| Técnicas | Tácticas | Estrategias |
| --- | --- | --- |
| Son maneras de realizar una acción o un proceso. Las más eficientes o eficaces pasan a ser *las mejores prácticas.* | Son métodos de abordar un objetivo y que conllevan la aplicación de una o diversas técnicas. | Son planteamientos que marcan la orientación general de aplicación de las tácticas y técnicas hacia un enfoque determinado. |

Al final de esta introducción, se ofrece un ejercicio práctico con la finalidad de comprobar si las acciones que en él se describen, que son actividades logísticas, pertenecen al ámbito de las técnicas, las tácticas o las estrategias.

## Áreas de conocimiento logístico

Las tres fases de aprendizaje de la metodología AURUM representan el conocimiento que es posible aplicar en los procesos logísticos. En estas tres fases se conectan e interactúan las áreas del trabajo diario, reunidas en torno a doce áreas de conocimiento, para facilitar su estudio conjunto.

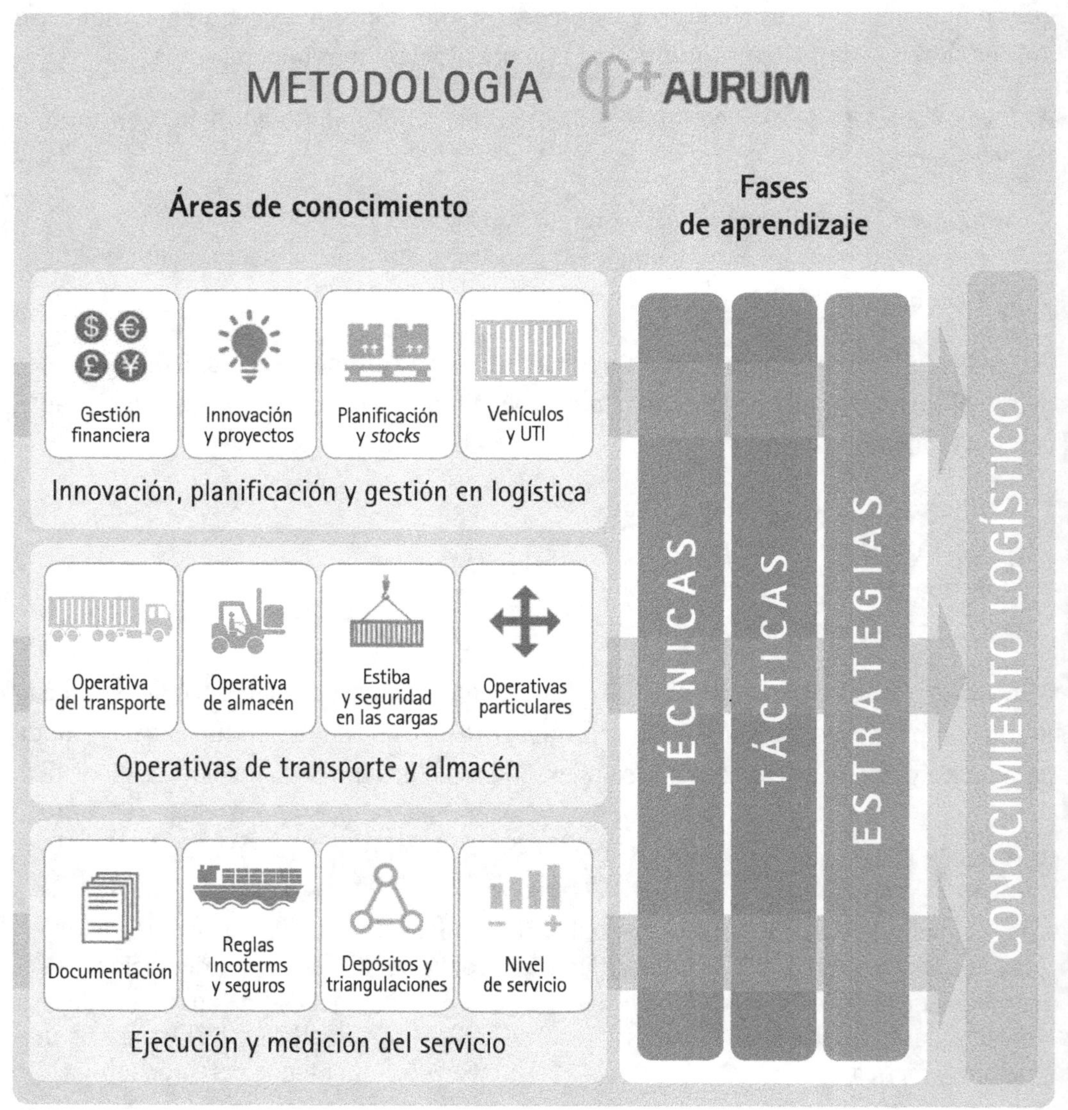

# Fichas de microformación

La estructura de este libro responde a la metodología de aprendizaje AURUM. Se basa en la microformación, un sistema didáctico que permite que los contenidos se presenten en fichas independientes donde en cada una se aborda y resuelve un tema específico.

El contenido de cada ficha se presenta a su vez formando apartados que tratan la definición de cada tema, y ofrecen diferentes enfoques que facilitan la comprensión de procesos o aplicaciones y la asimilación de soluciones prácticas, ejemplos o fórmulas, entre otros aspectos clave.

Por este motivo, dependiendo de los temas que se tratan, cada ficha puede contener:

Asimismo, numerosas fichas se complementan con informaciones que permiten ampliar conocimientos específicos y enlaces a contenidos presentados en formato audiovisual:

 Información adicional de interés.

 Códigos QR con enlaces a internet.

 Las fichas de microformación presentan contenidos didácticos con un elevado nivel cualitativo. La metodología AURUM prioriza los aspectos significativos de la información y permite comprender con facilidad temáticas complejas.

# Recomendaciones para la formación

Para impartir o recibir formación en cualquier área de conocimiento en logística bajo la metodología AURUM es conveniente tener en cuenta las siguientes recomendaciones didácticas:

| Ítem | Metodología Aurum |
| --- | --- |
| Metodología didáctica | Actividades participativas |
| Desarrollo de la formación | El formador puede exponer las técnicas, los objetivos que se deben aprender y mostrar cómo se hace. Los alumnos deben ejecutar el proceso hasta que se alcanza el objetivo con destreza |
| Canales de comunicación preferente | La comunicación verbal y visual |
| Materiales empleados | Preferentemente objetos relacionados con las actividades que se han de desarrollar, como maquetas, realidad aumentada, realidad virtual, simuladores, tabletas, teléfonos inteligentes, ordenadores, diapositivas, vídeos, tablas, papel y gafas inteligentes |
| Lugar de la formación | Espacio donde se desarrollan las técnicas, tácticas o estrategias objeto de la formación. Para facilitar que los alumnos interactúen, el aula se puede disponer formando un círculo, con un objeto en el centro como, por ejemplo, una maqueta |
| Formato del curso | Microformación. Aprender una a una las técnicas, las tácticas o las estrategias concretas. Se pueden explicar previamente los objetos o componentes y las definiciones necesarias |
| Prácticas y proyectos de fin de curso | Las prácticas se pueden hacer durante la formación, sobre maquetas u otros elementos o bien sobre el terreno. Para asentar los conocimientos, se pueden realizar trabajos con objetivos reales que hay que alcanzar bajo las premisas y la supervisión del formador |
| Tiempo | Se pueden hacer formaciones planificadas, pero se debería centrar en torno a la formación inmediata, gracias al acceso a microcursos en línea sobre temas específicos. Algunos elementos pueden reducir el tiempo de formación necesario, como las gafas inteligentes con instrucciones que hay que visualizar durante la ejecución, por ejemplo |
| Medios para favorecer la retención de los contenidos | Las fichas rápidas de consulta, las técnicas nemotécnicas visuales, la práctica física, los simuladores, los microcursos o los vídeos de disposición inmediata |
| Valores de la formación | Sencilla, fácil, práctica y orientada hacia objetivos concretos |

Indique si estos hechos son técnicas, tácticas o estrategias con una X:
(Verifique sus respuestas en la parte inferior de la tabla.)

| Acciones | A. Técnicas | B. Tácticas | C. Estrategias |
|---|---|---|---|
| 1 Calcular la capacidad en metros cúbicos de un contenedor | | | |
| 2 Planificar la actividad de un almacén mediante ventanas horarias y turnos de ocho horas | | | |
| 3 Fijar un *stock* de seguridad | | | |
| 4 Orientar una empresa de transporte hacia el mercado del grupaje en Centroeuropa | | | |
| 5 Realizar planes de mantenimiento preventivo para disminuir los daños por averías | | | |
| 6 Cumplimentar adecuadamente una carta de porte CMR | | | |
| 7 Rediseñar el sistema de distribución de una compañía basándolo en el uso de comisionistas | | | |

Respuestas: 1-A / 2-B / 3-A / 4-C / 5-B / 6-A / 7-C

# F

# Técnicas operativas en almacén

## Técnicas operativas en almacén

Existen numerosas tipologías de almacén, cada una con una manera de operar distinta. Además, hay variantes en función de factores como, por ejemplo, el tipo de producto que se ha de almacenar o la actividad de la empresa.

Al igual que ocurre en otros ámbitos de la logística, como en la gestión del transporte, en la operativa de los almacenes también existen distintas técnicas para el ahorro de costos: por negociación o por cambio operativo.

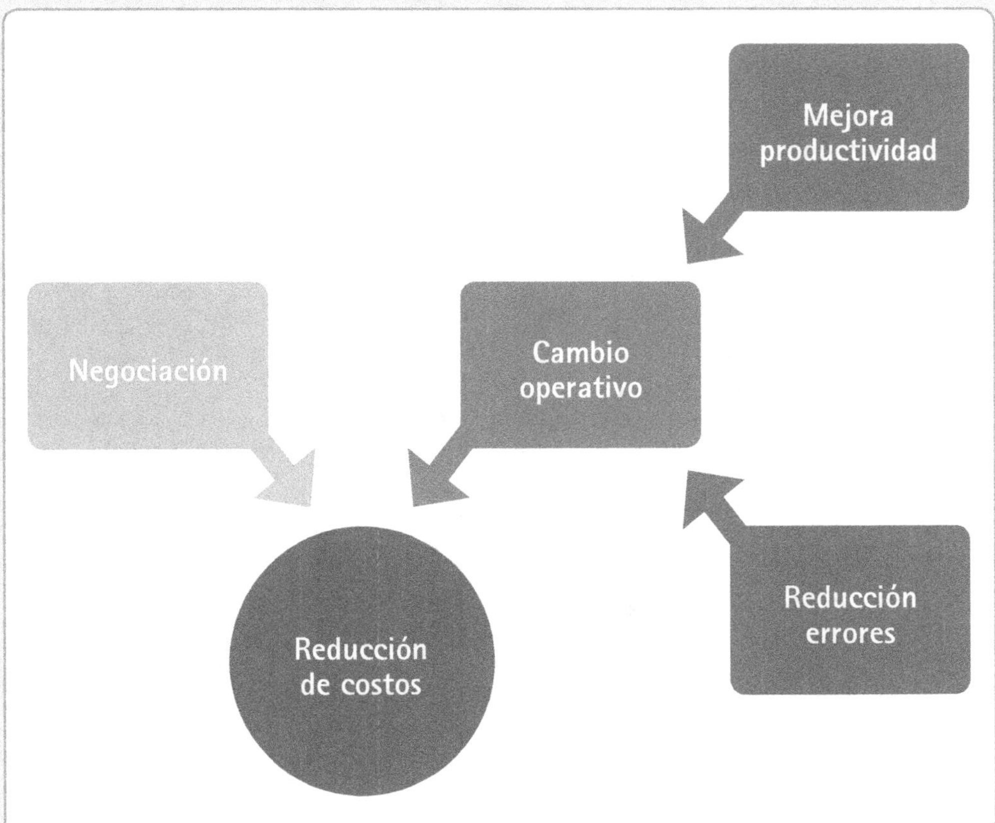


1. **Técnicas de negociación en almacén.** Mediante este tipo de técnicas es posible reducir los precios o mejorar las condiciones (kilogramos o volúmenes almacenados, etc.) de los proveedores y obtener así un ahorro en el precio por unidad almacenada, que se traduce en una reducción del costo global.

2. **Técnicas por cambio operativo.** Es posible analizar dos tipos:

   – Técnicas referentes a la mejora de la productividad.
   – Técnicas útiles para reducir los extra costos por fallos de calidad.

# ¿Cuáles son los almacenes más utilizados?

Hay distintos tipos de almacén. Su gestión, diseño y usos son muy diferentes y requieren de un análisis específico. En general, **los almacenes se clasifican por el tipo de elementos estructurales que utilizan,** los cuales han de ser coherentes con el propósito para el que están diseñados. A continuación se presentan algunos de los sistemas de almacenamiento más comunes.

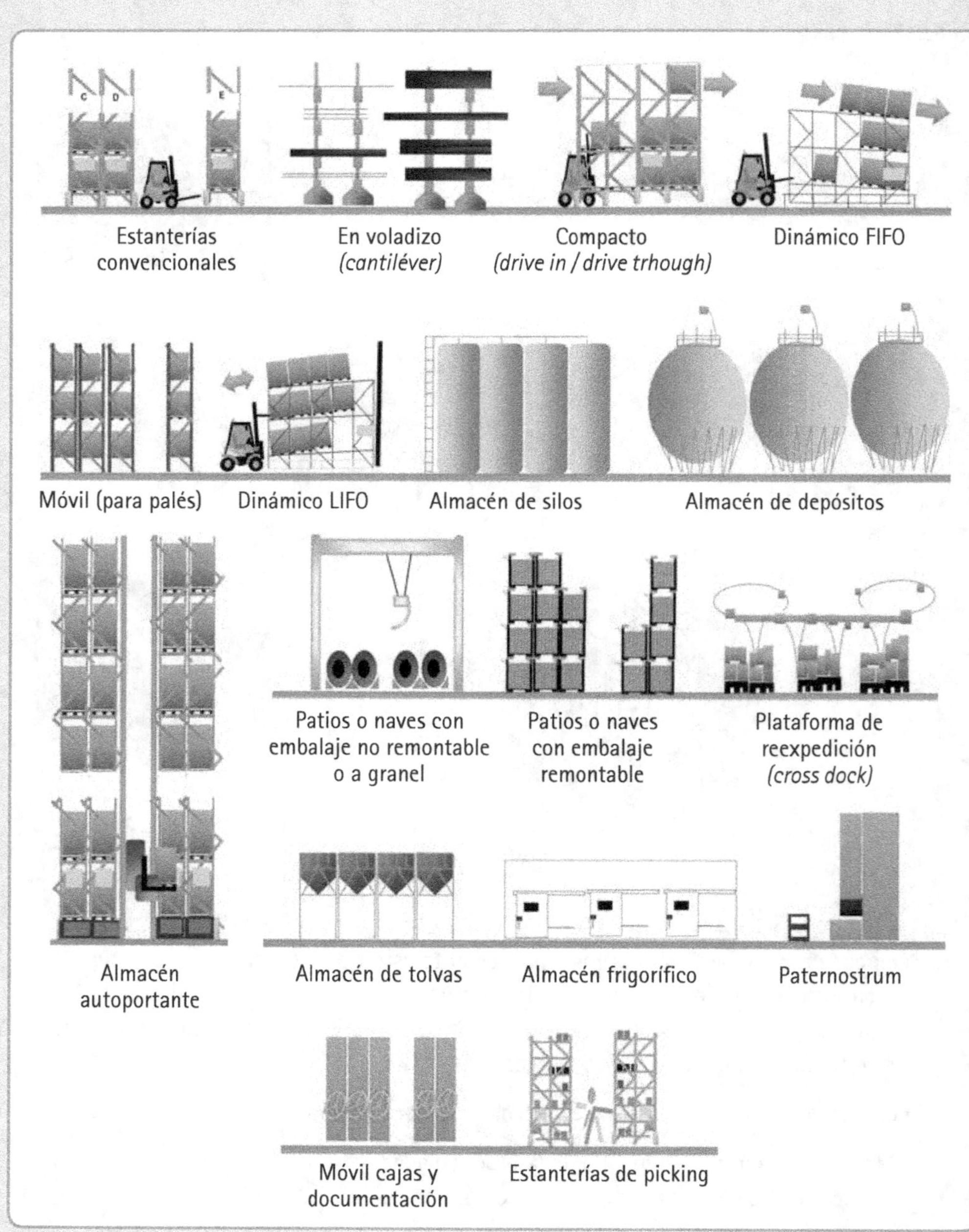

## ¿Qué técnicas de mejora operativa se pueden aplicar en un almacén?

Las técnicas de mejora operativa en un almacén son un grupo de métodos que proceden de enfoques diferentes y cuyo propósito es la obtención de **mejores costos a través de cambios en la forma de desarrollar las actividades.** Es posible clasificarlas en varios grupos, según su origen o enfoque.

1. **Técnicas sobre estructuras adecuadas.** Este tipo de técnicas abordan la correcta construcción y el diseño de las instalaciones logísticas, con el fin de conseguir el mínimo costo de estructura posible, evitar costos extra y favorecer la máxima productividad.

2. **Técnicas japonesas.** En Japón se han desarrollado numerosas técnicas de mejora de la productividad. La mayoría surgieron entre 1950 y 1990 y fueron diseñadas para las plantas de producción. En la actualidad también se aplican al ámbito de los almacenes.

3. **Técnicas de mejora en operativas puntuales.** Abordan una gran diversidad de temas independientes, sin relación entre sí, como la improvisación, la organización y medición del tiempo o las etiquetas, por ejemplo. Es un área que ofrece un gran potencial para la innovación.

En esta unidad didáctica, estas técnicas se presentan organizadas de la siguiente manera:

- Fichas F4 a F12, Técnicas sobre estructuras adecuadas.

- Fichas F13 a F21, Técnicas japonesas.

- Fichas F22 a F41, Técnicas de mejora en operativas puntuales.

## ¿Cuál es el ancho óptimo de pasillo en el almacén para optimizar costos?

El ancho de los pasillos de almacén viene determinado por cinco factores:

1. **Flexibilidad.** Si es posible emplear varios tipos de vehículos, se deben tomar como referencia los requerimientos del que más espacio precise.

2. **Vehículo.** En función del vehículo, se establecerán unas medidas u otras.

3. **Luminosidad.** Se tomarán en cuenta la disposición de las entradas de luz y distribución de las lámparas.

4. **Criterios de prevención de riesgos laborales (PRL).** Se tomarán en cuenta las medidas mínimas y el paso de personas establecidas por las áreas de prevención de riesgos laborales

5. **Carga transportada.** Es habitual que supere el ancho de la carretilla.

La nota técnica de prevención NTP 298 española es un referente sobre los anchos de pasillo requeridos.

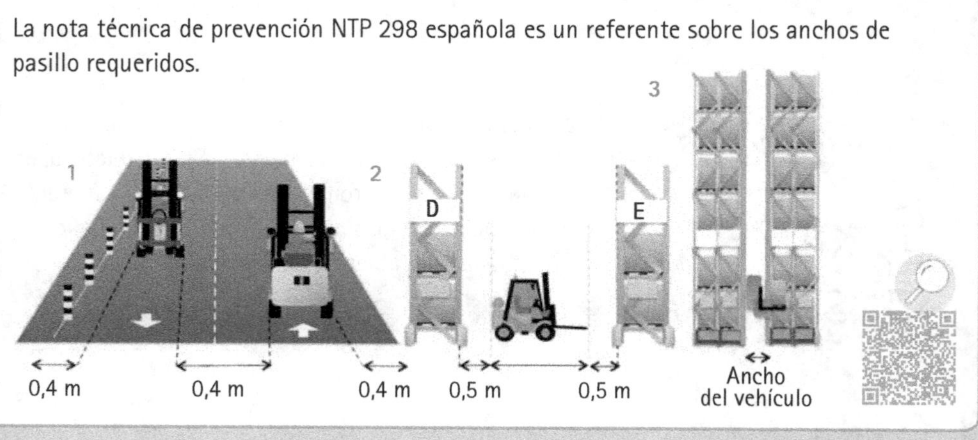


### Uso

1. En los **pasillos con circulación en doble sentido** es recomendable dejar espacios libres de 1,40 m respecto al ancho de los dos vehículos o su carga aumentada y en ningún caso, deberían ser inferiores a 1,2 m.

2. En los **almacenes de estanterías** el pasillo tendrá un ancho equivalente al largo del vehículo mayor, añadiendo 0,5 m por cada lado, tanto en sentido longitudinal (si el vehículo solo circula a lo largo del pasillo) como en transversal (si tiene que girarse para recoger palés).

3. En los **silos automáticos** el ancho viene fijado por el fabricante y equivale al del vehículo utilizado.

# ¿Cómo reducir los costos a través del diseño interno del almacén?

Se denomina diseño interno de almacén (lay out) a la distribución interior de los espacios, donde **se define la posición que ha de ocupar cada área y elemento,** y que tiene una importancia crucial en la productividad. En particular, se tiene en cuenta la clasificación ABC de las mercancías **(fichas C18, C19),** ya que determinará las distancias para realizar cada tipo de trabajo.

El diseño óptimo permite alcanzar la máxima eficiencia en movimientos, costos, consumos, luminosidad, etc., así como en el cumplimiento de la legislación o las normativas internas de los distintos departamentos (prevención de riesgos laborales, calidad, etc.).

## Ejemplo

Estos son algunos de los diseños más utilizados:

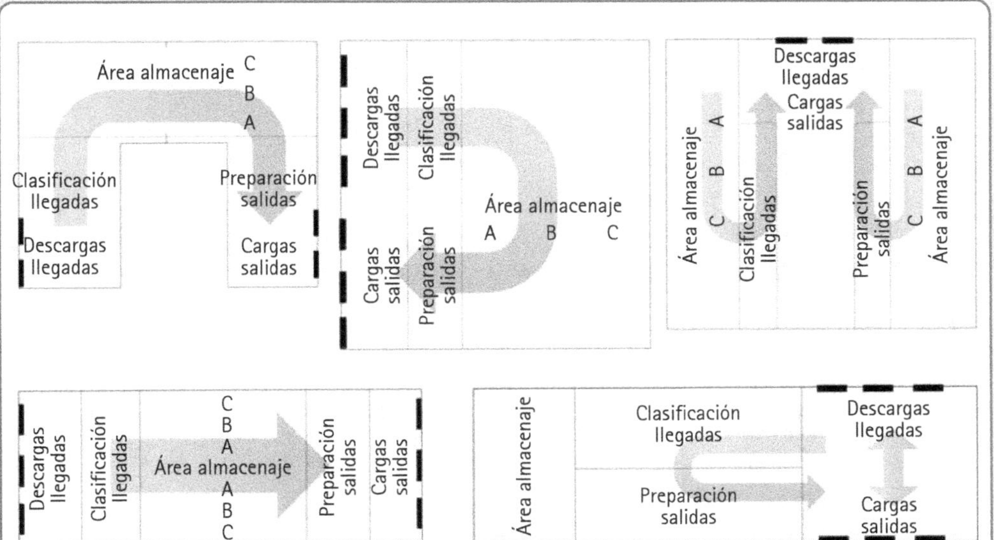


Existen muchísimos tipos de diseño interno, en función de las características del espacio de almacenamiento y de la estrategia que se desee seguir. Los más comunes son estos sistemas:

1. **Flujo secuencial.** La mercancía se mueve en un solo sentido: lineal, curvo o circular.

2. **Flujo empuje, vuelta** (*push back*). La mercancía entra y sale por el mismo sitio.

3. **Flujo mixto.** Combina los enfoques anteriores.

4. **Plataforma de reexpedición** (*cross dock*). Espacio principalmente dedicado a entrada, reorganización y salida rápida, sin apenas almacenaje.

# ¿Cómo distribuir los equipos de trabajo en el almacén?

En los almacenes se desarrollan numerosas operativas relacionadas con la manipulación de mercancías, como la preparación de pedidos, el etiquetado, la revisión de la calidad, el ensamblado, el envasado y embalado, etc. Para todas ellas, es fundamental **la distribución física de los equipos de trabajo,** ya que ello tendrá una influencia significativa en la productividad y los costos logísticos globales.

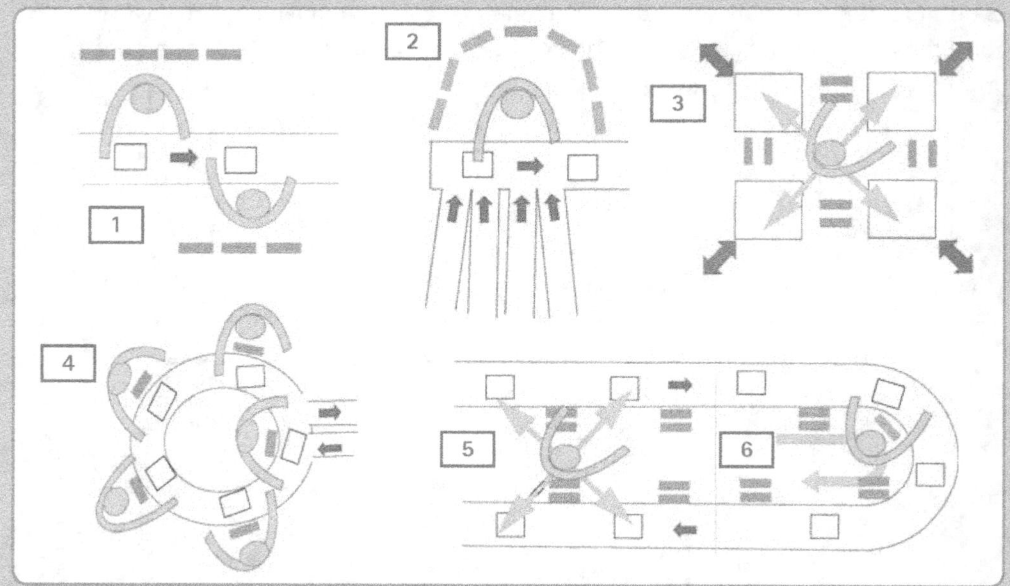


## Uso

Estas son las principales técnicas de distribución física para la manipulación de mercancías:

1. **En línea.** Se emplea para grandes producciones a ritmo constante. Minimiza las pérdidas de tiempo por operación, pero es poco flexible.

2. **Al sitio.** El operario permanece en un lugar fijo y le llega trabajo desde múltiples lugares.

3. **En islotes.** Son zonas donde se pueden trabajar varios pedidos a ritmos distintos.

4. **En bucle.** Puede ser interior o exterior. Se emplea para ritmos muy variables, ya que permite multiplicar la velocidad cuando se quiere ampliando el equipo de trabajo.

5. **En jaula de pájaro.** Es un sistema en línea que permite operar en varias posiciones o reforzar con más personal y reducir el número de posiciones por operario.

6. **En U.** Es muy flexible y permite que un operario pueda realizar diversas operaciones. Un solo operario puede hacer toda la operación o reforzar toda la línea.

## ¿Qué elementos colocar en una sala de baterías para evitar problemas?

Las salas o zonas de baterías son aquellas en las que se cargan las carretillas eléctricas. En muchos casos, las baterías se cargan directamente, sin sacarlas de las carretillas. Sin embargo, en almacenes de grandes volúmenes es necesario disponer de varios juegos de baterías, para lo que suelen crearse unas salas habilitadas para ello. Como **las baterías contienen ácido sulfúrico y su manejo entraña cierto riesgo,** es recomendable construir estos espacios adecuadamente.

### Solución

1. Primero, se debe disponer un colector en el suelo, con sus caídas en vertiente para recoger posibles fugas.

2. Construir la sala acorde a los espacios de maniobrabilidad, incorporando las señales de riesgo adecuadas.

3. Se debe disponer de una tubería superior para ventilación, una puerta antiincendios y un lavaojos de emergencia.

4. Una vez terminada la sala, se ha de pintar el suelo con pintura epóxica, para poder limpiar fácilmente aceites y vertidos, y colocar una rejilla desmontable sobre el colector.

5. Instalar enchufes ignífugos para los cargadores sobre la pared.

6. Para dejar las baterías se han de disponer unos soportes adecuados o palés.

7. Colocar el dispositivo homologado para realizar el cambio de baterías.

8. Por último, colocar en el exterior contenedores de sepiolita o elementos similares para recoger vertidos adecuadamente.

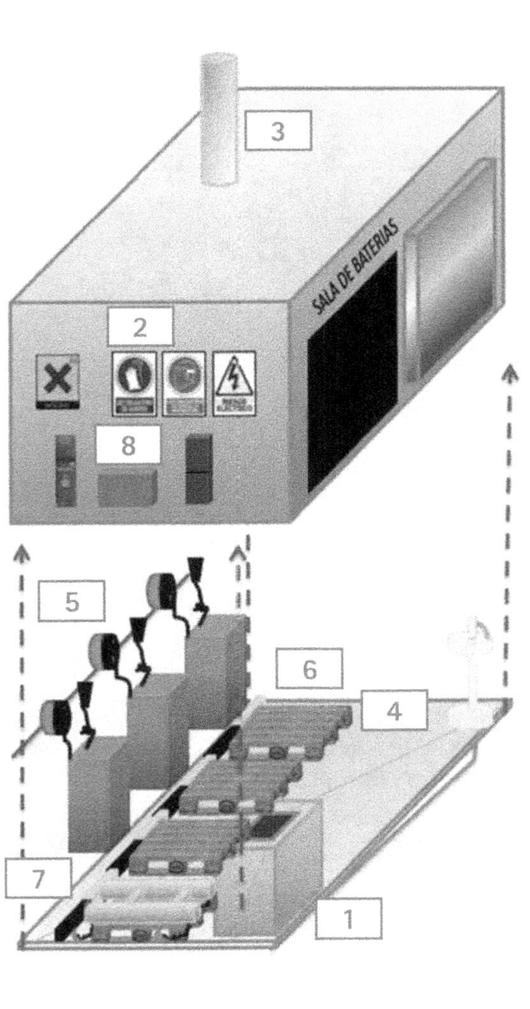

## ¿Cómo debe configurarse el suelo del almacén?

El suelo o pavimento de un almacén **es la parte que más actividad soporta y una de las más costosas.** Configurar y mantener adecuadamente el suelo es fundamental en todas las actividades de almacenaje, no solo a nivel económico, sino incluso legal, dentro de determinados sectores. Veamos cómo configurarlo.

Esquema de un pavimento estándar

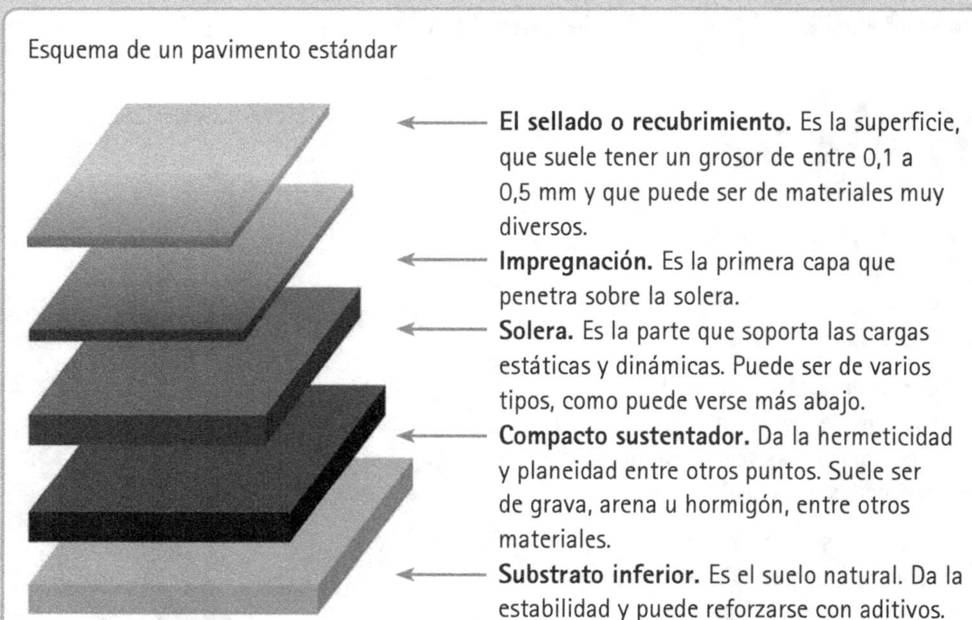

**El sellado o recubrimiento.** Es la superficie, que suele tener un grosor de entre 0,1 a 0,5 mm y que puede ser de materiales muy diversos.

**Impregnación.** Es la primera capa que penetra sobre la solera.

**Solera.** Es la parte que soporta las cargas estáticas y dinámicas. Puede ser de varios tipos, como puede verse más abajo.

**Compacto sustentador.** Da la hermeticidad y planeidad entre otros puntos. Suele ser de grava, arena u hormigón, entre otros materiales.

**Substrato inferior.** Es el suelo natural. Da la estabilidad y puede reforzarse con aditivos.

Para el suelo de los almacenes, suele recomendarse pavimentos de hormigón tratado superficialmente con epoxi. Tienen una gran resistencia a tensiones y cargas y un menor costo de mantenimiento.

### Tipos

Hay muchas soleras posibles:

- **De hormigón tratado superficialmente:** mortero seco, cuarzo, epoxi multicapa, etc.

- **De bloques, plaquetas o baldosas de hormigón.**

- **De baldosas o losetas de otros materiales:** asfalto, chapa, goma, terrazo, etc.

## ¿Qué es una zona de bloqueo y cómo ayuda a reducir costos?

Son áreas que se destinan a paralizar y almacenar las mercancías con incidencias o roturas, hasta que se determine qué hacer con ellas o se solucione el problema que las ha llevado hasta este lugar.

Puede haber zonas de bloqueo de varios tipos o una para varios propósitos:

**Zonas de cuarentena.** Se trata de áreas en las que se depositan mercancías que deben ser bloqueadas por motivos fitosanitarios u otras causas que obliguen a paralizar mercancías durante un tiempo.

**Zonas de incidencias.** Son espacios dedicados a almacenar las mercancías con obstáculos para su entrega, tales como ausencias del destinatario, dirección incorrecta, envíos equivocados, etc.

**Zonas para mercancías siniestradas.** Son áreas en las que se dejan las mercancías que han sufrido daños físicos y que están pendientes de peritaje o de una decisión sobre su destino.

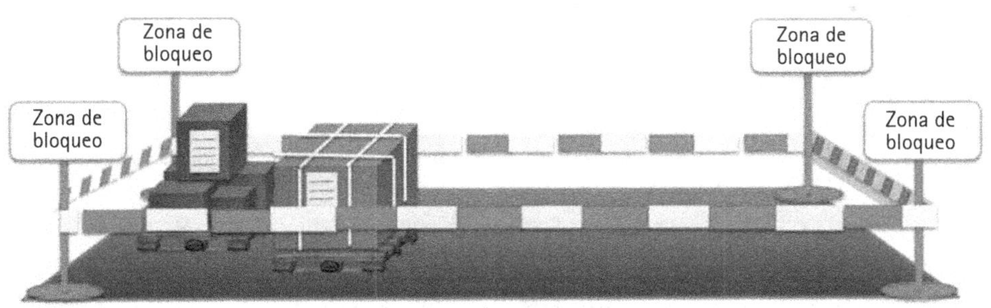


### Uso

- Debe establecerse una zona flexible, que pueda reducirse o ampliarse en caso de incidencias. Generalmente se utilizan postes para delimitarla, y se enmarca el perímetro por líneas o bandas segmentadas con los colores rojo y blanco.

- Hay que disponer de etiquetas u hojas (amarillas o de colores llamativos) en bolsas de plástico autoadhesivas en las que señalar por escrito el motivo por el que está bloqueada la mercancía, el código identificativo de la incidencia y el nombre de la persona que la ha bloqueado, para poder ser consultada.

- Debe habilitarse un sistema informático que registre las incidencias y pueda ser consultado por cualquier persona autorizada. Este sistema ha de permitir configurar avisos o alertas para notificar cuándo entregar las mercancías, en qué lugar, etc.

- En caso de que la mercancía tenga que ser destruida, hay que tener un registro o comprobante de la destrucción, que ha de conservarse durante el tiempo que exija la normativa legal.

# ¿Cómo optimizar la altura de los muelles de carga?

Los muelles de carga son elementos clave en la mayor parte de almacenes. Es fundamental dotarlos de las **medidas adecuadas para optimizar cada movimiento de entrada y salida de mercancías.** En particular, es muy importante determinar muy bien la altura del muelle, ya que afectará a la seguridad de las personas, los equipos y las mercancías, así como a la productividad del almacén.

Para el caso europeo, la referencia es la NTP 985 (Muelles de carga y descarga: seguridad) y la EN 1398:2009 (Rampas nivelables. Requisitos de seguridad). Esta documentación técnica contiene algunas de las claves para responder adecuadamente al problema de la altura de los muelles.

Los diferentes tipos de muelles que se identifican en dichas normas son:

Puente de carga acondicionado manualmente, móvil.

Rampa nivelable manual o motorizada, fijada al borde del muelle.

Rampa nivelable, acondicionada manualmente, instalada en foso, con labio articulado.

Rampa nivelable, motorizada, instalada en foso, telescópica o con labio articulado.

## Solución

Una vez definido el modelo de muelle, hay que considerar la altura de los vehículos que van a acceder al muelle, teniendo en cuenta que no debe haber un desnivel superior al 12,5 % entre la superficie de la caja del camión y la del muelle (norma EN 1398:2009). Es recomendable que quede la rampa por encima del vehículo de mayor altura que se vaya a recibir. Un desnivel excesivo bajará la productividad y elevará el riesgo de accidentes.

| Tipde o vehículo | Altura desde suelo a muelle (m) | Altura total desde suelo a techo del camión (m) | Ancho recomendado de la rampa (m) |
|---|---|---|---|
| Furgoneta sin carrozar | 0,65-0,8 | 2,6 | 1,6-2 |
| Furgoneta carrozada | 0,8-1 | 2,8-3,1 | 2-2,3 |
| Camión rueda 80 cm | 1,2 | 4 | 2,3 |
| Camión rueda 70 cm | 1,1 | 4 | 2,3 |
| Camión rueda 60 cm | 1 | 4 | 2,3 |
| Camión frigorífico | 1,3-1,5 | 4 | 2,3 |
| Camión con contenedor | 1,4-1,6 | 4 | 2,3 |

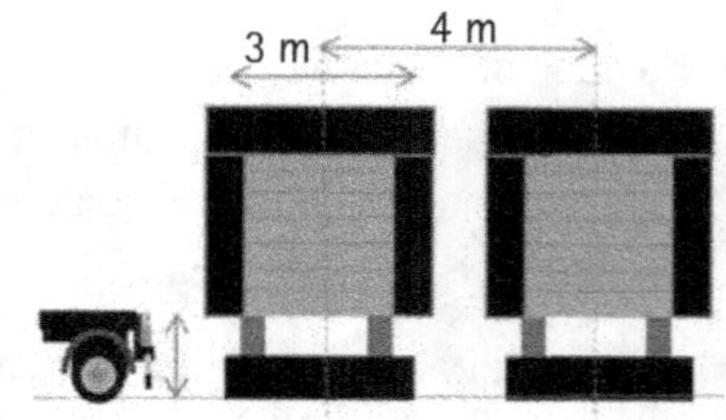


La altura de la rueda influye directamente en la altura requerida. Las más usadas son las de 60, 70 y 80 cm. Si se suman 40 cm, se obtiene la altura aproximada del muelle.

## ¿Qué son los flujos internos de personas y vehículos y cómo optimizarlos?

En la operativa de un almacén, la mayor parte de las pérdidas de tiempo están ocasionadas por los desplazamientos de personas y vehículos. Por ello, en el diseño de las instalaciones logísticas, es importante considerar todos los aspectos relacionados con la movilidad interna, para **reducir los tiempos dedicados a desplazamientos** y su incidencia en los costos y la productividad.

En general, hay que tener en cuenta esos factores:

**Circulación interna de vehículos.** Si hay control de entrada, este debe tener la previsión de llegadas y las instrucciones para dirigir a los vehículos hacia la zona de destino, sin necesidad de realizar consultas. Si no, debe haber un área de estacionamiento junto al lugar en que deben consultar a dónde dirigirse, y zona de espera en la que los transportistas puedan ser avisados por megafonía, pantallas, etc. Es conveniente habilitar instalaciones de aseo para conductores.

**Circulación interna de personas.** Hay que prever qué necesidades de desplazamiento se pueden producir (entrega de documentaciones, consultas, inspecciones, etc.), determinar cuál es la opción óptima en la que se invierte menos tiempo y tenerlo en cuenta en todos los procedimientos. Si hay que desplazarse largas distancias, pueden utilizarse vehículos ligeros (bicicletas, carros eléctricos, etc.). Se transmitirá toda la información necesaria antes de la llegada, para evitar consultas.

**Espacios de trabajo.** La mayor pérdida de tiempo en las áreas de trabajo se produce en los desplazamientos para comunicarse. A fin de evitarlo, pueden implementarse diferentes acciones en el diseño de estas áreas:

- Trabajar en espacios abiertos, sin paredes.
- Colocar ventanillas para atender al público.
- Fomentar el uso de teléfonos o comunicadores portátiles.
- Facilitar herramientas para videoconferencias.
- Gestión por procesos, con todo el personal implicado trabajando junto.

## ¿Cómo se organizan las nomenclaturas de un almacén?

Las nomenclaturas de los huecos de almacén dependen en gran medida del diseño de este, ya que pueden existir espacios muy diferentes, como patios, zonas de estanterías, silos, etc. Todas **las denominaciones deben tener una formulación y una secuencia orden lógicas,** que permitan ser buscadas y localizadas visualmente con facilidad. Cada almacén puede precisar soluciones distintas.

Almacenes de estanterías de todo tipo.

- Generalmente se utiliza un sistema compuesto por tres campos. El primero corresponde al pasillo; el segundo campo indica la fila, y el tercero la altura. Así, una situación A-34-D significa que el bulto está en el pasillo A, fila 34, altura D.

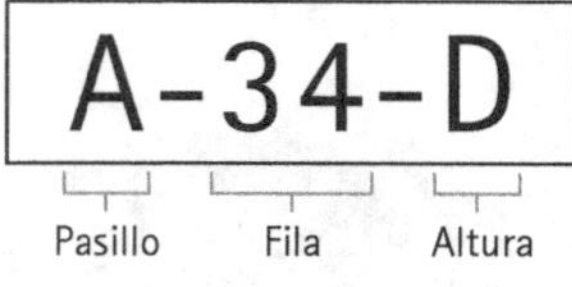


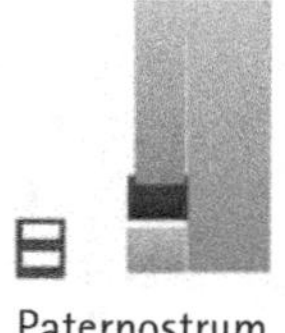
Paternostrum

- En almacenes caóticos o que requieran de una mayor información, se añaden códigos de barras empleando el número mundial de localización o GLN (global location number), que puede aplicarse en etiquetas EAN/UCC13, por ejemplo.

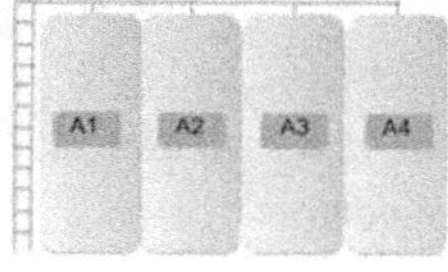

Almacén de silos, tolvas, depósitos o almacenes frigoríficos

- En los silos, tolvas, depósitos o almacenes frigoríficos se emplea una nomenclatura de dos campos (conjunto y fila) o incluso de un solo dígito (fila) si solo hay un grupo.

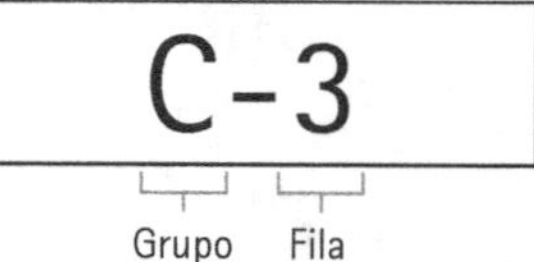


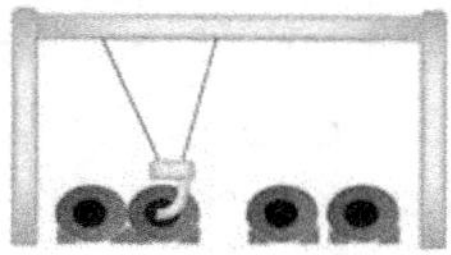
Patios o naves con embalaje no remontable o a granel

- En los almacenes con embalaje no remontable se utiliza la nomenclatura fila más profundidad o se hace una nomenclatura de la fila (las profundidades no suelen verse) y se da una ubicación única a la fila.

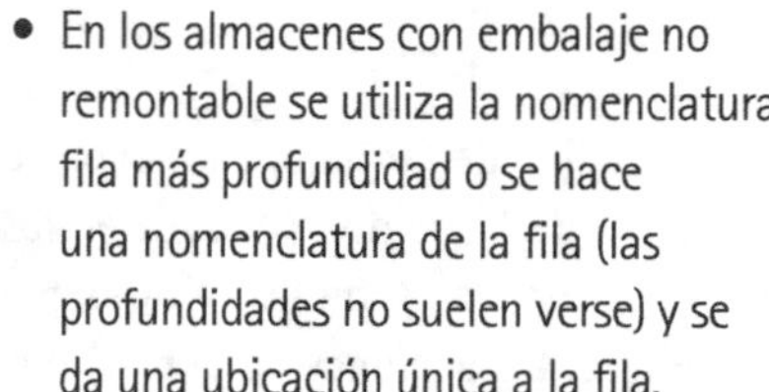


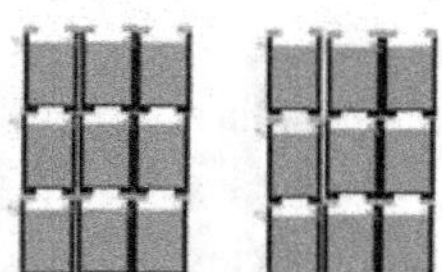
Patios o naves con embalaje remontable

- En las mercancías remontables, pueden emplearse ubicaciones de tres campos (fila, profundidad, altura) o se da una única ubicación a la fila.

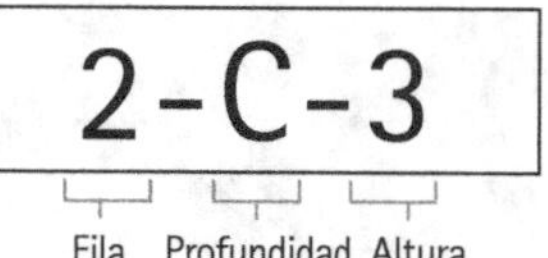

# ¿Qué son los 7 despilfarros y cómo se reducen?

Los «7 despilfarros» son un conjunto de actividades negativas identificadas por Taiichi Ohno, dentro del sistema de producción de Toyota TPS **(ficha F14),** en la década de 1960. Según esta filosofía, **hay procesos que no solo no aportan valor, sino que lo restan.** Por tanto, hay que eliminarlos en la medida de lo posible. Son estos:

1. **Sobreproducción.** Si se produce más de lo necesario, también se gasta más de lo necesario y se reducen recursos para aportar valor real.

2. **Esperas.** Tiempo inactivo en el que no se genera valor.

3. **Sobreprocesamiento.** Son procesos innecesarios que podrían haberse eliminado para no aumentar el costo global.

4. **Transporte.** Todo movimiento de mercancías debe ser evitado en lo posible, pues solo aporta costo.

5. **Inventario.** Disponer de unidades no vendidas genera pérdida de liquidez y riesgo de obsolescencia.

6. **Movimientos de personal.** Solo aporta pérdidas de productividad.

7. **Reparaciones.** Esto incrementa el costo total de producción y resta capacidad para la aportación de valor.

## Solución

Para eliminar estas actividades negativas se aplica un programa de mejora continua en varios pasos:

1. **Detección de los despilfarros:** a través de buzones de sugerencia, tarjetas de los operarios, informes, comparación de procedimientos u otros procesos.

2. **Análisis de las posibles mejoras:** mediante grupos de trabajo, apoyo de consultoras externas, tormenta de ideas, método SCAMPER, etc.

3. Realización de un **plan de acción** para obtener la mejora.

# ¿Qué son los *poka yoke* y cómo ayudan a reducir costos?

El término *poka yoke* procede de dos palabras japonesas: *poka* (evitar) y *yokeru* (error inadvertido). Podríamos traducirse como una **técnica o trabajo que evita errores inadvertidos.** Fue ideada por el ingeniero Shigeo Shingo, en la década de 1960, dentro del sistema de producción Toyota TPS **(ficha F13).**

Los calzos inteligentes son dispositivos que, cuando está activada una luz verde en su interior, señalan que se puede operar. En muchos casos están conectados a la rampa y al quitarlos suena una alarma y se retira la rampa automática. Esto evita que el vehículo pueda salir cuando se está operando en su interior.

Los sistemas de clasificación de palés pueden ser automáticos o manuales, simplemente colocando unos bordes con las medidas de cada uno.

Esto evita que el personal de almacén mezcle los palés (algo que puede ser muy habitual) al impedir que se pueda colocar un palé en una torre distinta a la designada para cada modelo.

Las carretillas y los vehículos de almacén cuentan con numerosos poka yokes posibles en su programación:

- Que no funcionen si el operario no se pone el cinturón.
- Que se reduzca la velocidad al girar.
- Que no puedan circular si no se ha hecho el mantenimiento, una vez superadas las horas.

Las zonas de almacén pueden dotarse de pivotes y vallas que impidan el atropello de personas.

Asimismo, pueden señalizarse las diferentes zonas en las que se desea realizar ciertas acciones –esperar a ser cargado, aparcar una carretilla, etc.– para que solo puedan realizarse en un determinado lugar.

## Solución

En general, esta técnica se aplica para evitar errores humanos en materia de seguridad o de calidad. Principalmente, se trata de realizar pequeños cambios en el diseño de algún espacio, producto o proceso de almacén, que eviten fallos o accidentes que impidan realizar acciones de manera errónea, con el consiguiente ahorro de costos.

# ¿Qué es el kanban y cómo se emplea para reducir el inventario?

El *kanban* es una **filosofía de trabajo ajustado** aparecida en Japón en la década de 1950. Aunque abarca aspectos más allá del almacén, en lo relativo a este ámbito trata tres aspectos:

1. Sistema de arrastre (pull), mediante el uso de tarjetas.
2. Trabajo sincronizado (tack time) en capacidad y producción con la siguiente fase.
3. Reducción de los lotes, para evitar el desperdicio.

Esta filosofía nació en la empresa Toyota, cuando sus ingenieros elaboraron una estrategia para reducir desperdicios de tiempo, costo, existencias, etc. Evidenciaron que el sistema tradicional de producción masiva tenía importantes puntos de mejora.

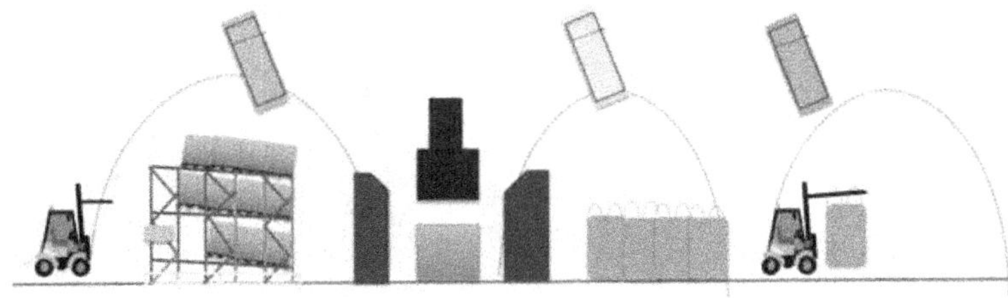

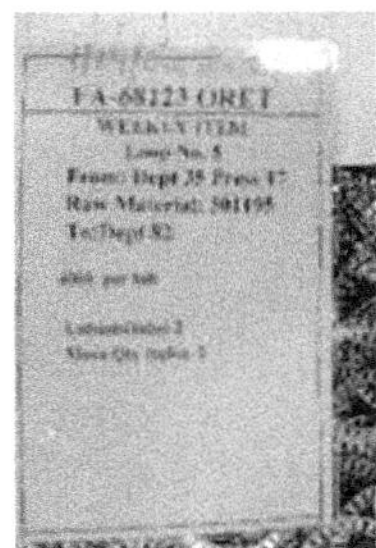

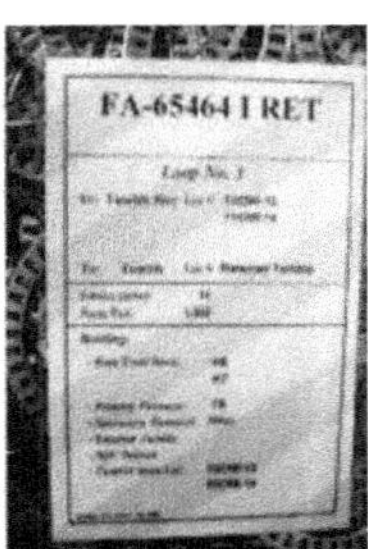

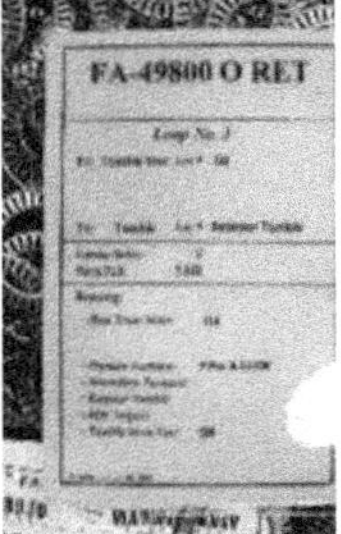

## Uso

El kanban tradicional se aplica con ayuda de tarjetas plastificadas, que se colocan en un tablero junto a las líneas de producción o en el almacén de producto acabado para iniciar la cadena. El personal de almacén recoge estas tarjetas y va sirviendo a quien ha demandado esta mercancía.

En el interior o en el frontal de las cajas o unidades de expedición hay otras tarjetas similares, que deben ser enviadas a otro tablero o casillero de la fase anterior. Así, todas las fases van sirviendo a la siguiente línea, cuando reciben una tarjeta del producto agotado.

De esta manera, junto con el trabajo sincronizado y la reducción de lotes, se reduce drásticamente el inventario, al generar justo lo que se necesita, sin ningún desperdicio.

## ¿Qué es el SMED y cómo ayuda a mejorar la productividad?

El SMED (siglas de *single minute exchange of dies)* o cambio rápido de herramientas, en 10 minutos o menos, fue diseñada en la década de 1970 como una técnica que permitía **reducir los tiempos improductivos** en las líneas de producción cuando se producían cambios de útiles o dispositivos.

En la actualidad, el SMED se aplica a situaciones más diversas. En los almacenes puede usarse para reducir los tiempos en procesos como:

- Entradas y salidas de vehículos a muelles de carga o descarga.
- Cambios de baterías o bombonas de gas en vehículos de manutención.
- Vaciado o cambio de contenedores de residuos.
- Aprovisionamiento a la línea de producción.
- Cambio de elementos para la preparación de pedidos (cajas, mesas, etc.)
- Cambio de dispositivos de soporte a la carga o descarga (bandas transportadoras, rodillos, etc.)
- Cambio de dispositivos en los carruseles y otros automatismos **(ficha E34)**

### Uso

El SMED divide las operaciones de cambio de útiles o dispositivos en dos vías:

1. **Acciones internas.** Solo pueden realizarse mientras la actividad está parada.
2. **Acciones externas.** Pueden realizarse paralelamente a la actividad.

A partir de aquí establece siete pasos para implementarlo:

1. **Preparación** previa: recopilar información e involucrar a personal experimentado.
2. **Análisis** de la actividad: desglosar y medir procesos necesarios (uso de MTM, etc.).
3. **Separación** de acciones internas y externas: anotadas, junto a los tiempos requeridos.
4. **Organización** de acciones externas: lograr el mínimo tiempo de ejecución posible.
5. **Convertir** acciones internas en externas: aplicar la reingeniería de procesos.
6. **Reducir** tiempos de las acciones internas: emplear herramientas idóneas.
7. **Seguimiento:** registrar y medir las mejoras.

## Técnica de las 5 S

Las 5 S son unas técnicas desarrolladas en Japón en la década de 1960, en el seno de la empresa Toyota, que empiezan por S en japonés. Su finalidad es **mejorar el entorno laboral y la motivación del personal** a la par que se consigue una reducción de costos y riesgos, junto con una mejor imagen. Las cinco técnicas son estas:

| | |
|---|---|
| *Seiri* o clasificación | Todo lo que no vale se retira del lugar de trabajo. |
| *Seinton* u organización | Un lugar para cada cosa y cada cosa en su lugar |
| *Seiso* o limpieza | Lo importante no es limpiar, sino no ensuciar. |
| *Seiketsu* o estandarización | Crear condiciones para mantener lo conseguido. Incluye el uso de control visual para detectar ineficiencias. |
| *Shitsuke* o disciplina | Tomar el hábito de hacer bien las cosas. |

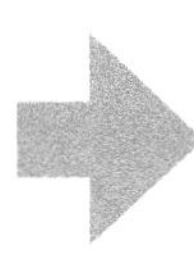

## Pasos

1. Se crea un equipo de trabajo, con un líder.
2. El equipo visita el almacén para auditar la situación actual.
3. Se colocan etiquetas rojas sobre las discrepancias encontradas y se anotan.
4. El equipo vuelve a reunirse y establece un plan para mejorar lo previsto por etapas, como se muestra en el gráfico.
5 Se ejecutan los planes de mejora por fases, sin empezar una nueva fase hasta terminar la anterior. Se dan reconocimientos al equipo en cada fase.
6 Se plasman los resultados en fotos, que se colocan en tableros para motivar.

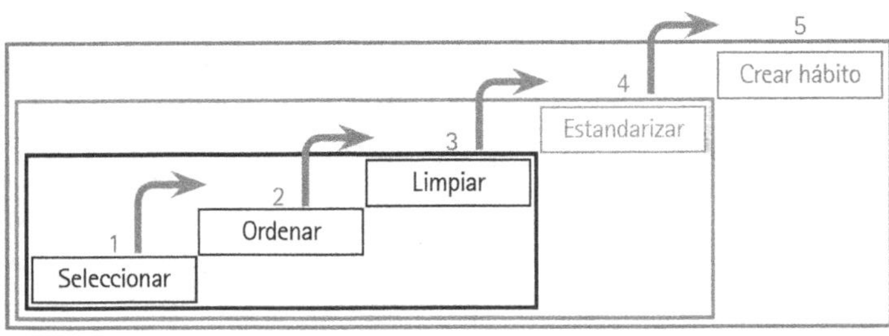

## ¿Qué es el TPM y cómo ayuda a la mejora de la productividad en almacenes?

El mantenimiento productivo total o TPM *(total productive maintance)* es un método desarrollado por el Instituto Japonés de Mantenimiento de Planta en la década de 1970. Busca **lograr cero averías, cero defectos, cero accidentes** y la involucración del personal en la eliminación de desperdicios.

### Pasos

El TPM tiene ocho pilares de aplicación:

1. **Mejoras enfocadas.** Definir la situación actual, la meta alcanzable y los pasos para lograrla.

2. **Mantenimiento autónomo.** El personal debe poder realizar tres tipos de acciones: operativa habitual + mantenimiento básico de su equipo + inspección de calidad.

3. **Mantenimiento planeado.** El equipo de mantenimiento realiza labores de mantenimiento preventivo, orientadas a reducir las averías.

4. **Control inicial.** Aplicar lo aprendido, asegurando que los equipos funcionan adecuadamente desde el principio y son fáciles de mantener.

5. **Mantenimiento de la calidad.** Realizar acciones para lograr cero defectos.

6. **Entrenamiento de los equipos de trabajo** sobre las tareas de cada persona.

7. **TPM en oficinas.** Implementar todos los puntos en la administración.

8. **Seguridad y medio ambiente.** Realizar acciones para lograr cero errores.

### Solución

El TPM puede aplicarse en distintos ámbitos de almacén como:

- Almacenes automáticos.
- Vehículos de almacén.
- Estructuras semiautomáticas, como muelles, puertas, etc.
- Carruseles y automatismos,
- Preparación de pedidos.

# ¿Qué es el *shojinka* y cómo se aplica en los almacenes?

*Shojinka* es una técnica de origen japonés que **altera el número de personas dedicadas a una sección de trabajo** en función de las circunstancias. En los almacenes es muy común trabajar con un alto grado de imprevisibilidad, por lo que esta técnica es muy beneficiosa en este ámbito.

## Pasos

Históricamente, la técnica shojinka se ha fundamentado en tres pilares:

1. Diseños de distribución adecuados **(fichas F5 y F6)** en el almacén.
2. Personal polivalente y bien entrenado en las distintas funciones de almacén.
3. Revisión continua de la operativa y toma de decisiones sobre resultados.

Sin embargo, en la actualidad la adecuación de los recursos a la actividad cuenta con nuevas herramientas y enfoques en el almacén:

1. **Automatismos.** En la filosofía japonesa se denomina *jidoka* a la sustitución de operarios por máquinas. En los almacenes se están desarrollando numerosos sistemas que, además de sustituir, sirven de apoyo a la actividad humana, como robots, silos automáticos o sistemas autónomos de transporte, entre otros.

2. **Externalizaciones.** Existen muchas empresas a las que se puede contratar un refuerzo externo por horas o días, y que incluso pueden aportar sus propios vehículos de almacén.

3. **Gestión de la improvisación.** Son una serie de técnicas encaminadas a optimizar las operaciones en entornos de alta imprevisibilidad.

Para lograr la polivalencia, en el shojinka hay que usar este tipo de matriz hasta alcanzar el número de tareas requeridas:

| Ítem | Carga | Descarga | Pedidos | Etiquetado | Ensamblaje | Clasificación | Rev. Calidad |
|---|---|---|---|---|---|---|---|
| Operario 1 | 1 | 1 | 0 | 1 | 0 | 0 | 1 |
| Operario 2 | 1 | 1 | 1 | 1 | 1 | 0 | 1 |
| Operario 3 | 1 | 0 | 0 | 1 | 0 | 0 | 0 |
| Operario 4 | 1 | 0 | 0 | 1 | 0 | 1 | 1 |
| Operario 5 | 1 | 1 | 1 | 1 | 1 | 1 | 1 |
| Total | 5 | 3 | 2 | 5 | 2 | 2 | 4 |
| Pico máximo | 5 | 3 | 5 | 3 | 2 | 5 | 4 |
| Necesidad | 0 | 0 | 3 | -2 | 0 | 3 | 0 |

Además, suelen usarse ventanas horarias y matrices de máxima actividad para analizar si se podrá atender la máxima actividad **(ficha F22).**

# ¿Qué es el almacén sobre ruedas y cómo reduce costos de almacén?

La técnica del almacén sobre ruedas, también conocida por su denominación en inglés *warehouse over wheels,* consiste en **eliminar el almacén intermedio e introducir los vehículos hasta las mismas líneas de producción o preparación de pedidos,** siendo los operarios los que recogen directamente la mercancía del vehículo. El costo del transporte puede ser igual o incluso superior por la espera, pero se consigue un gran ahorro en personal y costos estructurales de almacén. Suele aplicarse junto con las técnicas JIT y JIS **(ficha E52).**

## Ejemplo

Una empresa de automoción planifica la fabricación y organiza los camiones que suministran a la línea de producción, de acuerdo con la secuenciación prevista. Al llegar los camiones entran hasta la línea y el operario los va descargando, sin necesidad de personal adicional de descarga.

El ahorro: 98.000 €/año.

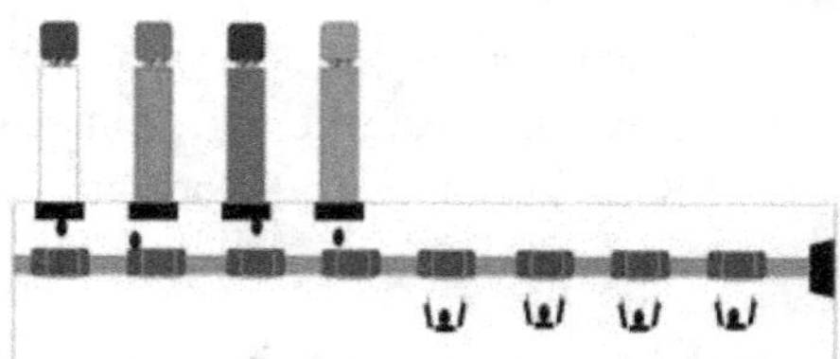

En algunas ocasiones, los vehículos se quedan un tiempo –días o incluso semanas–. En otras, no llegan hasta la misma línea de producción, sino que se les coloca unas bandas transportadoras en las que el transportista descarga la mercancía.

## Uso

Para aplicar esta técnica se debe realizar un estudio de los costos estructurales del almacén y del suministro a cadena de producción, dividiendo el costo total por las unidades servidas.

A continuación se debe estudiar el costo de diseñar unos muelles o accesos directos a la zona de producción o preparación de pedidos, así como los sistemas de trabajo para facilitar la recogida de las mercancías sin moverse del puesto (banda transportadora, suelo móvil, etc.).

Por último, se ha de comparar el costo total de la operativa actual, frente a la del almacén sobre ruedas, para ver si esta segunda opción es más rentable.

# ¿Cómo puede la técnica SCRUM reducir costos de almacén?

La técnica SCRUM fue creada por los japoneses Nonaka y Takeuchi y se puede considerar como una variante colectiva de la técnica de la ganancia rápida **(ficha F32)**. Consiste en un método que suele aplicarse para **gestionar crisis o procesos de unas dos semanas** en las que se trata de reconducir u optimizar una situación concreta entre el cliente y un equipo designado por el proveedor.

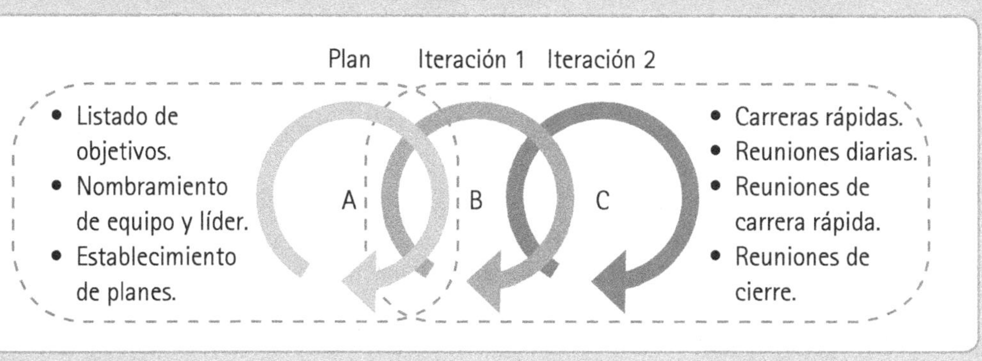


## Solución

El SCRUM se ejecuta en plazos denominados «iteraciones», que suelen ser de una semana. El SCRUM puede durar de dos a cuatro semanas. Los pasos que se han de seguir son los siguientes:

1. El cliente nombra un equipo o persona responsable, que pasa al equipo un listado de acciones y objetivos deseados (product backlog).

2. El proveedor nombra un equipo con un líder (SCRUM master) que define el plan para lograr los objetivos, dividiendo el proceso en iteraciones de una semana y en tareas más pequeñas denominadas carrera rápida o sprint backlog, para el alcance de un objetivo.

3. Se ejecutan las acciones y diariamente, al comienzo de cada carrera rápida se realiza una reunión para repasar el plan y los objetivos. En general, se suele emplear una pizarra donde se señalan las acciones pendientes, en curso y las hechas.

4. Diariamente se realiza una breve reunión de revisión (daily SCRUM), en la que se repasa lo realizado el día anterior, lo que se va a hacer en el día y lo que se precisa para cumplir los objetivos diarios.

5. Al terminar una carrera rápida, la iteración o todo el SCRUM también se realizan reuniones breves para dar por finalizado el proceso, aprender de los posibles errores y comunicarle al cliente los resultados.

Los beneficios del SCRUM son: lograr objetivos marcados por el cliente en un corto plazo, una mejora en el tiempo de retorno de la inversión, eliminación de costos añadidos, derivados de una situación crítica, mejora de la imagen y mejora de la productividad.

# ¿Cómo reducir los costos por planificación de la actividad diaria?

Un almacén puede tener tamaños y actividades muy variables, pero todos tienen la necesidad de planificar su actividad. Realizar **una buena planificación puede reducir drásticamente los costos de almacén,** optimizando al máximo sus recursos. Existen tres principales herramientas de planificación:

### 1 Previsiones de entradas y descargas

- En las empresas de producción, es posible disponer de sistemas de programación y control de la producción, MRP I o MRP II, con la previsión de materiales a recibir.
- En otros casos se emplean los ficheros de aprovisionamiento, en los que se pasa un informe de llegadas por fechas.
- Cuando se trata de empresas de transporte o plataformas logísticas, existirá la planificación de descargas realizada por el departamento de tráfico. En ocasiones, esto suele hacerse directamente sobre las ventanas horarias, que son unos cuadros con la previsión de actividad por horas.
- En empresas muy pequeñas, a veces se reciben notificaciones de llegada por parte de los clientes o de sus transportistas.

### 2 Previsión de salidas y descargas

- Al ordenar una carga, el departamento de tráfico suele anotarla en un parte de cargas, así como en las ventanas horarias.
- En ocasiones, son los clientes los que envían a sus transportistas, mediante las notificaciones u órdenes de carga.

### 3 Órdenes de trabajo en almacén

- En los almacenes se realizan múltiples actividades (pedidos, etiquetaje, traslados, limpieza, transbordos, mantenimiento, etc.), todo ello suele hacerse mediante órdenes, como listados de preparación de pedidos, órdenes de inventario, etc.



Antes de planificar, es importante definir las capacidades y la matriz de polivalencias, para entender qué actividad puede realizarse en cada caso.

A partir de ahí, se puede señalar dicha actividad en las ventanas horarias.

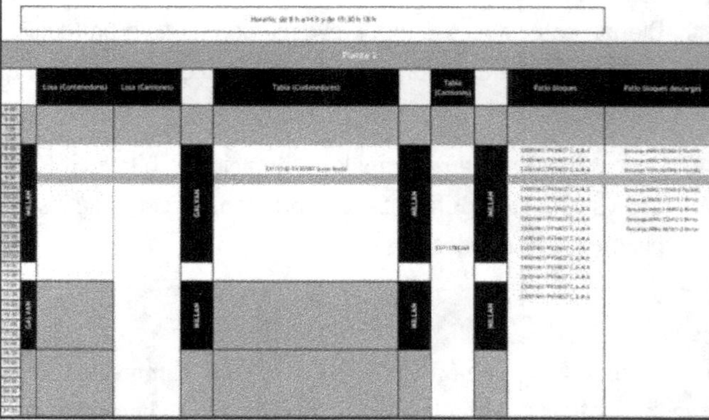

# ¿Cuál es el mejor sistema para organizar la preparación de pedidos?

La preparación de pedidos es algo que puede realizarse de múltiples maneras y variantes. En gran parte depende del tipo de almacén en el que se vaya a operar **(ficha F5).** En función de ello hay que definir **la forma en que se producirán los desplazamientos, los elementos de manutención que existen,** qué hay que preparar, dónde están las mercancías, los medios a utilizar y el espacio donde se realizarán las operaciones.

| Opciones que pueden combinarse | |
|---|---|
| Según la forma de desplazamiento | • **Pedido al operario:** el operario está fijo y la mercancía viene a él (almacenes automatizados)<br>• **Operario al pedido:** el operario busca y recoge los materiales para hacer los pedidos<br>• **Mixto:** una parte le llega al operario y otras partes han de ser recogidas por este<br>• **Automatizado:** el pedido es preparado por sistemas automáticos íntegramente |
| Según la herramienta utilizada para saber qué hay que preparar | • **Preparación** con ayuda del papel (listas de extracción de productos o *picking*).<br>• **Extracción por dispositivos luminosos** *(pick to light y put to light)* en la preparación de pedidos siguiendo las instrucciones que aparecen en indicadores tipo led o pantallas<br>• **Extracción de unidades por voz** *(pick to voice)* para la preparación de pedidos, siguiendo las indicaciones que se reciben a través de auriculares<br>• **Extracción de unidades por visión** *(pick to visión)* en la preparación de pedidos a partir de lo indicado en las gafas inteligentes *(smart glasses)*<br>• **Preparación automática de pedidos** *(automatic picking)* a través de sistemas automatizados y robotizados |
| Según los medios utilizados para manipular el material | • **Elementos de manutención:** carretillas, apiladores, transpaletas y recogepedidos<br>• **Transelevadores** y sistemas de extracción automáticos<br>• **Cintas** transportadoras o clasificadoras<br>• **Vehículos de guiado automático,** mediante sistemas de filoguiado, ferroguiado, optoguiado o láser<br>• **Sistemas dinámicos** de caída por gravedad<br>• **Manipulación manual** de las unidades de producto o de carga |
| Lugar donde se preparan | • **Playas de almacén:** grandes espacios vacíos en los que poder clasificar y preparar pedidos<br>• **Células:** ubicaciones individuales a las que llegan mercancías a un operario<br>• **Cadenas de pedido** y cintas transportadoras,en las que varios operarios completan pedidos<br>• **Zonas de salida** en almacenes automatizados o con rodillos de los que recoger la mercancía |

En el diseño de un sistema de preparación de pedidos, hay que tener en cuenta factores como el diseño ABC **(ficha C19)** o el modo de control de tiempos **(ficha F26).** Para definir el diseño, se deben listar todas las opciones posibles, cuantificar cada una de las posibles combinaciones y elegir la que más se ajuste a cada necesidad y costo.

## ¿Qué criterios hay para optimizar el orden de las mercancías en almacén?

Las operaciones de entrada, salida y almacenamiento de las mercancías puede hacerse utilizando diferentes procedimientos. En función de ellos se puede **obtener una mayor o menor productividad en el almacén.** Algunos de estos procedimientos permiten eliminar o reducir el riesgo de obsolescencia de las mercancías.

### Uso

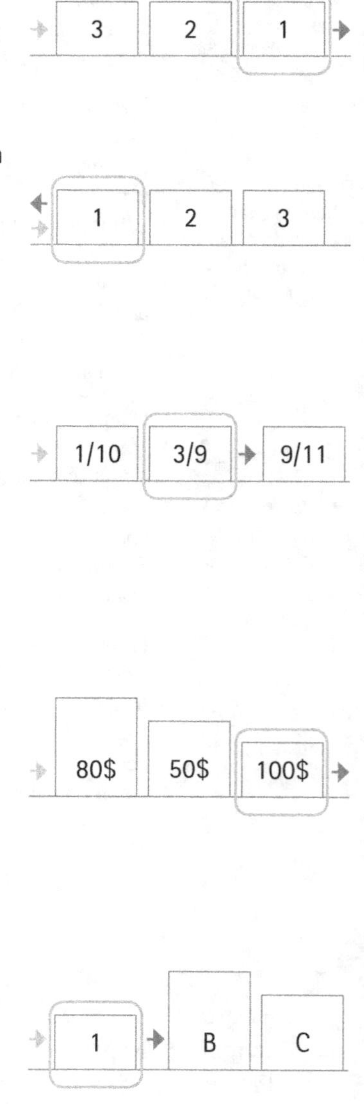


**FI-FO** *(first-in/first-out).* **La primera mercancía en entrar será también la primera en salir.** Suele aplicarse mediante estanterías tipo *drive in.*

**LI-FO** *(last-in/first-out).* **La última mercancía en entrar es el primero en salir.** Se aplica en áreas en las que se almacena contra la pared y no es relevante el criterio de antigüedad, o las mercancías llegan en orden inverso a cómo hay que sacarlas. Para aplicarlo se suelen emplear estanterías tipo *push back* o simplemente se llenan filas contra una pared.

**FE-FO** *(first-expires, first-out).* Se utiliza especialmente en alimentación y productos perecederos. Significa que **el primero en caducar es el primero que debe salir.** Para aplicarlo, suelen emplearse sistemas de gestión de almacén (SGA) y de preparación de pedidos mediante extracción por dispositivos luminosos *(pick to light)* por voz *(pick to voice)* y por visión, que permiten seleccionar automáticamente la mercancía que antes expira.

**Secuenciación cualitativa.** Consiste en **establecer un parámetro cualitativo** (mayor valor, mayor tamaño, mayor calidad, etc.) **para designar el orden de salida.** Se suele aplicar mediante sistemas de gestión de almacén (SGA). Mediante sistemas de realidad aumentada es posible establecer múltiples criterios al mismo tiempo, al poder ver con gafas inteligentes u otros dispositivos diversas capas (categoría comercial, ofertas, etc.) con solo seleccionar la capa deseada.

**Secuenciación cuantitativa. Se dan unas referencias a la mercancía** y se clasifica según dichas referencias: zonas de entrega, números de albarán, categoría interna, etc., **para definir el orden de salida.**

# ¿Cuál es el mejor sistema para chequear y dar entrada a las mercancías?

Una fase importante en todo almacén es la de revisar y dar entrada a las mercancías que llegan. Parece algo sencillo, pero no lo es tanto, ya que mientras **unos sistemas resultan sumamente eficientes,** otros favorecen los errores humanos e informáticos, que pueden generar problemas posteriores en toda la cadena logística. Los principales sistemas son los siguientes:

| | | |
|---|---|---|
| 1 | El proveedor graba las salidas directamente en el sistema del cliente y usa etiquetas electrónicas (TAG) del cliente. | Es un sistema muy rápido y utilizado en las empresas de transporte urgente. Cuando llega un vehículo con la paquetería recogida, el personal de almacén puede verificar la llegada con un dispositivo de mano tipo PDA o una predescarga, pues ya tiene la información en el sistema de gestión y todas las etiquetas son del almacén de destino. |
| 2 | El proveedor etiqueta y graba en origen los datos de la carga, transmitiéndolo al sistema del cliente. | Es un procedimiento muy rápido y utilizado en las empresas de transporte urgente. Cuando llega un vehículo con la paquetería recogida, el personal de almacén puede verificar la llegada con un dispositivo de mano tipo PDA o una predescarga, pues ya dispone de la información en el sistema de gestión y todas las etiquetas son del almacén de destino. |
| 3 | Primero se introduce la mercancía en el sistema y luego se emite un documento de control de la descarga, que sale del sistema | Este sistema permite chequear dos cosas al mismo tiempo: lo que se recibe físicamente y lo que se ha grabado. Si hay un error de grabación (por ejemplo, si se introduce 2000 unidades en lugar de 200), se detectará con facilidad. Por contra, es un sistema lento, puesto que exige un trabajo administrativo previo antes de comenzar el chequeo. |
| 4 | Chequeo utilizando albaranes originales y la posterior introducción del resultado en el sistema informático. | Es el sistema más rápido para el personal de almacén y aparentemente es fiable, porque en el albarán viene la información original del proveedor. Sin embargo, este sistema genera múltiples problemas, especialmente porque los albaranes tienen múltiples formatos, y si se produce un error al grabar es difícil detectarlo. |

+ Eficiente

– Eficiente

# ¿Cómo medir y mejorar los tiempos de almacén?

La vía más habitual es mediante el sistema «métodos y tiempos», también conocido como MTM *(methods time measurement)*. Según lo define la Asociación Española de MTM, es **una herramienta para describir, estructurar, configurar y planificar los sistemas de trabajo,** definir los medios y las herramientas, construir procesos robustos y, por lo tanto, sistemas de producción eficientes y estandarizados. Sus aplicaciones alcanzan tanto a la fabricación, la logística y el mantenimiento, como a la administración o los servicios.

## Uso

El MTM nació con la publicación en 1948 del libro *Methods-Time-Measurement,* en el que se establecieron sus bases y surgió su propia unidad de medida, el TMU:

> 1 TMU = 0,00001 hora / 0,006 minutos / 0.036 segundos.

El sistema métodos y tiempo establece varios niveles de operaciones, desde el más sencillo, al más complejo:

- **MTM1.** Describe, mide y estandariza los movimientos básicos: alcanzar, coger, mover, posicionar y soltar.
- **MTM2.** Describe, mide y estandariza secuencias de movimientos, como: obtener, situar, reasir, aplicar presión, acción de los ojos, movimiento del pie, andar, inclinarse y levantarse, movimiento de la manivela, acción del pie, doblarse y levantarse.
- **MTM-UAS.** Se utiliza para el trabajo en serie: tareas repetitivas, organización, etc.
- **MTM-MEK.** Se emplea para tareas con poca rutina y ausencia de repetición.

## Fases

La medición y mejora de los tiempos se realiza en tres fases:

1. **Desglosar y medir los micromovimientos** de cada acción (cronometraje), resumiéndolo todo en las tablas MTM.
2. **Sumar todo el valor de las operaciones** según las tablas MTM. Se establecen entonces los tiempos obtenidos
3. **Conocer y reducir el tiempo evitable.** Los tiempos obtenidos se deben comparar con los predeterminados o estandarizados para estudiar oportunidades de mejora.

# ¿Cómo reducir los costos de almacén mediante tableros de marcha?

Un tablero de marcha es un dispositivo que permite ver cómo se va ejecutando una actividad respecto al plan previsto. Para ello, solo es necesario **comparar datos de las operaciones parciales o totales realizadas frente a las previstas.**

## Ejemplo

Una zona de almacén está destinada a preparar pedidos. Tiene órdenes de trabajo para realizar 1.125 pedidos por turno.

Sin embargo, ha tenido problemas y a las 11:00 h ha realizado 84 pedidos menos de los previstos.

La persona responsable del turno calcula que se han de hacer 21 pedidos más por hora y decide reforzar el equipo con una persona.

| Inicio | Fin | Pedidos previstos | Pedidos realizados | Variación |
|---|---|---|---|---|
| 6:00 | 7:00 | 150 | 101 | -49 |
| 7:00 | 8:00 | 150 | 110 | -40 |
| 8:00 | 9:00 | 75 | 78 | 3 |
| 9:00 | 10:00 | 150 | 153 | 3 |
| 10:00 | 11:00 | 150 | 149 | -1 |
| 11:00 | 12:00 | 150 | | |
| 12:00 | 13:00 | 150 | | |
| 13:00 | 14:00 | 150 | | |
| Total | | 1125 | 591 | -84 |

## Ventajas

Entre sus ventajas, los tableros de marcha permiten:

1. Reaccionar con agilidad ante desviaciones sobre lo previsto.
2. Nivelar el flujo de trabajo cuando así se requiere (filosofía *lean).*
3. Analizar patrones de desviaciones y corregirlas.

## Uso

Los tableros de marcha pueden aplicarse prácticamente a cualquier actividad de almacén, como por ejemplo:

- Seguimiento de la preparación de pedidos.
- Operaciones de carga o descarga.
- Operaciones de traslados internos.
- Cumplimiento de trabajos de limpieza.
- Seguimiento de labores de mantenimiento.

# ¿Cómo mejorar la productividad a través de la técnica «Pomodoro»?

Fue ideada por el consultor Francisco Cirillo, en la década de 1980 y consiste en dividir la jornada en tramos de 25 minutos llamados *pomodoros*. Se ejecutan con la ayuda de un reloj o una aplicación de tiempo y su finalidad es el aumento de la productividad. Está enmarcada en las «técnicas de caja del tiempo» o *time boxing*, en las que **la actividad se divide en tramos pequeños con un objetivo predeterminado.**

## Uso

1. Decidir la tarea que se ha de realizar, junto con sus objetivos.
2. Cuantificar los tramos de tiempo o pomodoros necesarios para hacerla.
3. Activar el contador *pomodoro* (25 minutos).
4. Trabajar en la tarea hasta que el contador suene y anotar un ciclo.
5. Descansar cinco minutos y repetir.
6. Cada cuatro ciclos tomar un descanso más largo, de quince minutos.

## Ventajas

- En trabajos rutinarios, como la preparación de pedidos, por ejemplo, puede suponer un descanso reparador.
- Al fijar tramos de 25 minutos y objetivos concretos, puede aplicarse en trabajos cíclicos para aumentar la productividad.
- Reduce la procastinación, al impedir centrarse en tareas agradables y dejar las más difíciles para más tarde.
- El tablero de marcha **(ficha F18)** puede ajustarse a los tramos y ser un sistema muy productivo.
- Puede aplicarse en lugares con zonas de descanso cercanas con el fin de reducir la fatiga física en ciertas labores.
- Reduce riesgos en trabajos con una ergonomía deficiente.

## Inconvenientes

- En muchas ocasiones el horario está fijado por convenio laboral o por el departamento de recursos humanos.
- La actividad de almacén es variable y no es posible dejar camiones a media descarga, por ejemplo. Toda actividad debería sincronizarse para realizar descansos colectivos.
- Las distancias pueden ser largas, y que en cinco minutos no dé tiempo de ir a la zona de descanso
- Si este procedimiento elimina el descanso habitual de media hora, no se podría almorzar en quince minutos.

# Las técnicas tradicionales de organización rápida de la actividad

Las técnicas tradicionales de organización rápida emplean papel y bolígrafo o cualquier otro elemento de escritura, y son útiles para organizar las tareas y mejorar la productividad. Sus defensores alegan que son más flexibles que las herramientas para dispositivos móviles u ordenadores, se pueden llevar encima sin riesgo de dañarlos, **fomentan la creatividad y permiten consultas más rápidas y visuales.**

**Cuaderno de notas.** Entre los más apreciados están los cuadernos revestidos por una tela llamada moleskin, y tienen una banda elástica para cerrarlos. Este tipo de cuadernos tienen muchas aplicaciones y permiten:

1. Clasificar los temas mediante etiquetas de colores.
2. Insertar documentos entre las hojas.
3. Generar sistemas de organización personalizados

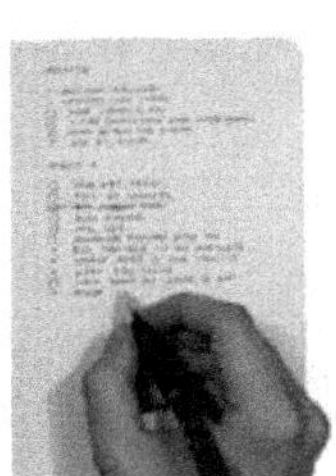

El *bullet journal* es un método creado por el diseñador Ryder Carroll, en el que se usa un cuaderno y una serie de pautas de organización:

1. Registro rápido: identificar lo importante de lo que no lo es, mediante símbolos *(bullets)* que permiten clasificar los datos.
2. Índice actualizable: las páginas se numeran al utilizarse.
3. Calendario de eventos: flexible, según lo requiera el contenido.
4. Lista de tareas: por día, semana, mes...

La *hipster* PDA o HPDA es básicamente un conjunto de hojas sueltas o tarjetas de diferentes colores unidas por un clip, a las que se añade un bolígrafo. Su utilización se adapta a cada persona, pero puede ser así:

1. La carátula suele contener datos del dueño y el propósito.
2. En el interior se organizan las tareas por orden: lo primero que se ha de hacer va delante. Una vez realizado, se archiva o se desecha.
3. Se pueden añadir etiquetas de colores para organizar tareas.

Las barras de tareas tienen su origen en las órdenes de los restaurantes. En almacenes se utilizan para reducir el tiempo en la transmisión de instrucciones:

1. Se reciben tareas que se apuntan en una HPDA.
2. En un lugar acordado, hay una o varias portatareas asignadas all personal de almacén (pueden asignarse por persona, equipo, horas, etc.).
3. Se pasan las tareas recogidas a las portatareas en el orden deseado, y el personal pasa a retirarlas.

# La aplicación de planes de contingencia para evitar riesgos

Las **fichas E26 y F41** tratan sobre las urgencias y los riesgos. Los planes de contingencia son herramientas muy útiles para resolver problemas puntuales. Pero en ocasiones es toda la operativa la que está en riesgo, al verse afectadas numerosas partes de la misma. Un ejemplo de ello es cuando hay una avería informática importante o un accidente que pone en riesgo la seguridad y la salud de las personas. Un plan de contingencia es un **protocolo de actuación integral** que activa una manera de operar distinta ante una situación de riesgo de inoperatividad.

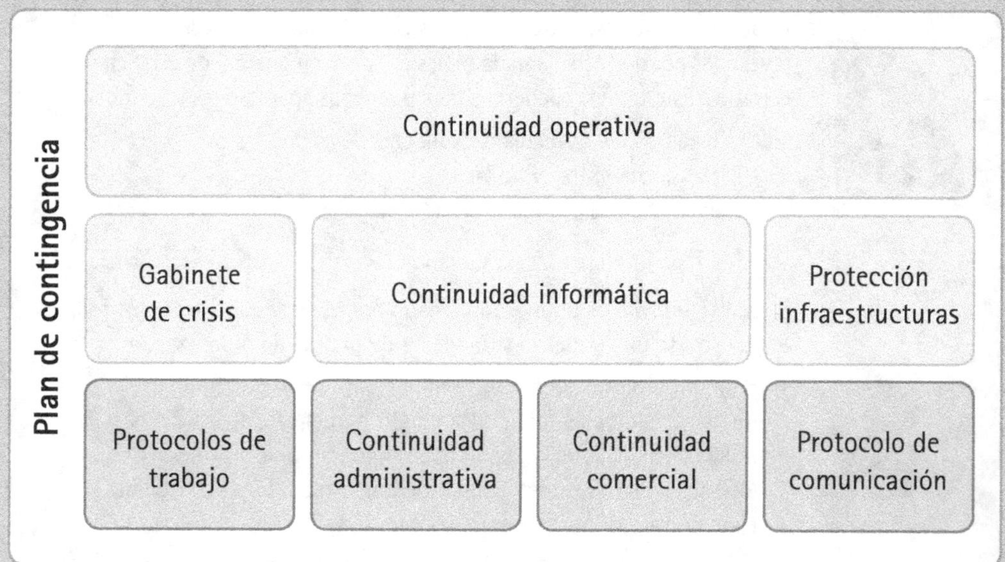


## Solución

Los planes de contingencia deben asegurar la continuidad general y administrar aspectos como la dirección de la situación o las comunicaciones. Para llevarlos a la práctica, suelen redactarse procedimientos de calidad que registren:

1. Protocolos y acciones que se han de realizar para garantizar la continuidad operativa, comercial, informática y administrativa. Establecen pasos a dar para compensar o corregir los posibles problemas generados por una situación crítica.

2. Los nombres y las responsabilidades de las personas que gestionarán la crisis.

3. Las acciones a realizar para proteger, si fuera necesario, las infraestructuras o propiedades (vehículos, archivos, etc.) durante la crisis.

4. Los protocolos de comunicación interna y externa para anunciar el inicio y el fin del plan de contingencia y para funcionar durante dicho periodo.

## La técnica GTD como sistema de mejora de productividad en almacén

El GTD *(gettings things done)* es un método de mejora de la productividad basado en un libro del mismo título del consultor David Allen, traducido al español como *Organízate con eficacia.* Su principio es «estar preparados para cualquier cosa». Este método propone un **sistema organizativo con una priorización de las acciones basada en criterios prácticos, inmediatos y aplicables en entornos imprevisibles,** como los almacenes. Se basa en decidir a qué próximas acciones se va a prestar atención y a dedicar tiempo, pero en ningún momento intenta apostar por la gestión del tiempo.

> «Cualquier sistema de organización no es bueno si gastamos mucho tiempo en organizar las tareas en lugar de hacerlas.»
>
> DAVID ALLEN

### Uso

A través del método GTD el personal está preparado para decidir y actuar con rapidez. Propone recibir las acciones que se han de realizar, clasificarlas ágilmente en realizables o no en menos de dos minutos, reorganizando lo que no puede hacerse en «cubos», que son módulos de actividades registrados en sistemas sencillos (carpetas, cuadernos, archivos, etc.). Uno de los sistemas son las 43 carpetas, que corresponden a 12 carpetas para los 12 meses + 31 carpetas para los días máximos de un mes corriente.

Muchos almacenes tienen una actividad imprevisible, pero el método GTD permite centrarse inmediatamente en lo ejecutable, sin olvidar lo que se deja para más tarde, gracias a procedimientos de reorganización rápida. Suele presentarse a través de flujogramas que facilitan la organización de las tareas. Sus principales pasos son:

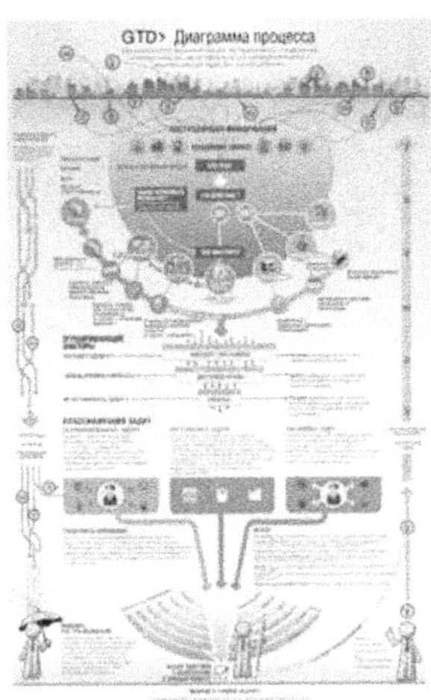

*Ejemplo de flujograma GTD.*

1. **Recopilar.** Recibir la necesidad a realizar.

2. **Procesar.** No hacer más de una actividad a la vez. Si lleva más de dos minutos, se hace inmediatamente. Si no corresponde a la persona que la recibe, esta la delega. Si no conviene hacerla en ese momento, hay que posponerla a un momento concreto en el correspondiente cubo.

3. **Organizar.** Traducir las necesidades a las acciones que se requieren y organizarlas por orden. Si hay acciones que requieren estar abiertas un tiempo, se revisan periódicamente.

4. **Revisar** las acciones abiertas semanalmente.

5. **Hacer.** La clave del éxito está en la acción.

# La técnica de ganancia rápida o *quick wins*

Se trata de un método que se puede aplicar **cuando se dispone de poco tiempo para conseguir resultados** y no se pueden desplegar todas las técnicas deseables. Consiste en establecer unos cuadros en los que se analizan:

- Las acciones que es posible realizar.
- El tiempo que lleva la ejecución de cada acción.
- Los recursos que consume cada acción.
- El beneficio (económico, calidad, etc.) que se obtiene en cada acción.
- El total de tiempo y recursos disponibles, junto con el objetivo perseguido.
- A partir de aquí, se eligen las acciones mediante las que se consiga un logro más rápido respecto al resultado perseguido o que más se aproxime al mismo.

A partir de aquí, **se eligen las acciones mediante las que se consiga un logro más rápido** respecto al resultado perseguido o que más se aproxime al mismo.

## Ejemplo

Se avisa al responsable de una empresa de paquetería que se ha producido un incendio a la entrada del polígono industrial donde está ubicado el almacén, y de que solo dispondrá de tres horas para cargar las lanzaderas del día. Dispone solo de tres operarios y calcula que le será imposible. Si desvía lanzaderas a otra delegación le cobrarán 5 €/envío, con lo que usa la técnica de ganancia rápida para ver en qué grupos de lanzaderas ocupará a los tres operarios.

| Descripción | Lanzaderas | Total envíos | Operarios | Horas necesarias | Ahorro |
|---|---|---|---|---|---|
| Descarga y carga lanzaderas zona A | 6 | 350 | 1 | 3 | 1.750 |
| Descarga y carga lanzaderas zona B | 4 | 240 | 0,7 | 2 | 1.200 |
| Descarga y carga lanzaderas zona C | 5 | 290 | 0,8 | 2,5 | 1.450 |
| Descarga y carga lanzaderas zona D | 7 | 430 | 1,2 | 3,5 | 2.150 |
| Descarga y carga lanzaderas zona E | 3 | 180 | 0,5 | 1,5 | 900 |
| Descarga y carga lanzaderas zona F | 2 | 160 | 0,3 | 1 | 800 |

Concluye que la mejor opción es centrarse en las lanzaderas C a F, con un ahorro de 5300 €.

## Uso

Esta técnica tiene muchos usos posibles en un almacén, como por ejemplo:

- Decidir qué mercancía se queda y cuál se va si hay sobreocupación.
- Decidir qué pedidos se sirven primero.
- Decidir en qué cargas emplear un vehículo, si hay que elegir.
- Decidir en qué se emplean los recursos en caso de saturación.

## ¿Cómo hacer un inventario y con qué frecuencia para evitar errores?

Se llama «hacer inventario» a la acción de **contrastar las existencias** físicas, sus características (referencia, estado, ubicación, etc.) y cantidades (unidades, cajas, palés, etc.) **frente a lo que figura en el sistema informático,** para cotejar que estas últimas están bien registradas.

### Uso

Existen varios tipos de inventario y, si nunca se ha realizado ninguno o no se ha diseñado un procedimiento para su ejecución y gestión, inventariar puede ser algo confuso y dar lugar a todo tipo de problemáticas operativas. Las modalidades básicas de realización de inventarios y el modo de realizarlas son las siguientes:

| | Opciones que pueden combinarse | Inventario cíclico | Muestra | Inventario continuo | Inventario automatizado |
|---|---|---|---|---|---|
| **Plazo** | Periódico en fechas fijas | X | X | | X |
| | Periódico en fechas aleatorias | X | X | | X |
| | Diario o semanal | | X | X | X |
| | Inventario puntual (una vez) | | X | | X |
| **Según la cantidad inventariada** | Total de las mercancías (100 %) | | | | X |
| | Muestra sobre un porcentaje definido subjetivamente | | X | X | X |
| | Muestra sobre un porcentaje definido sobre el nivel de confianza que se quiere alcanzar | | X | X | X |
| | Sobre un área o conjunto elegidos por orden | | X | X | X |
| **Según el método de realización** | Se extrae el inventario informático y se va buscando la mercancía en él reflejada por ubicaciones | X | X | X | |
| | Se extrae el inventario informático y se comienza por un área del almacén, buscando la mercancía física en el inventario | X | X | X | |
| | Chequeo con un dispositivo de mano tipo PDA. Se activa en modo inventario y se van leyendo todas las etiquetas. El sistema dictamina si hay faltas o algo incorrecto | X | X | X | |
| | Chequeo mediante vehículos o robots programables para inventario, que leen automáticamente las etiquetas | X | X | X | X |
| | Mediante etiquetas inteligentes o almacenes automáticos con lectores laser. El inventario se actualiza automáticamente a través de los movimientos detectados. | X | X | X | |

## ¿Qué códigos de trazabilidad pueden utilizarse para reducir errores?

La aparición del código de barras tuvo lugar en Estados Unidos, en 1952. Posteriormente, aparecieron diversos organismos dedicados a estandarizar su uso con el propósito de establecer un sistema internacional de trazabilidad:

- **UCC (Uniform Code Council).** Presente en Norteamérica, que generó la codificación UPC.

- **EAN (European Article Numbering).** Originalmente se desarrolló en Europa y pasó luego a convertirse en EAN internacional, cuando se adhirieron países de otras zonas geográficas. Generó la codificación EAN.

- En 2005 ambas instituciones se fusionaron, dando lugar al **GS1.** Se generaron diversos sistemas de trazabilidad basados en códigos de barras, transacciones electrónicas, red global de sincronización de datos y códigos electrónicos de productos.

Las codificaciones UPC y EAN se fusionaron en la codificación GTIN, estableciendo una serie de códigos para cada caso:

Para las unidades de consumo, los códigos más utilizados son los GTIN-8, GTIN-12, GTIN-13, que tienen 8, 12 y 13 dígitos, respectivamente, correspondientes a diversos campos como la clave del producto, el número de control, el país y el dígito de control.

Para las unidades de expedición (palés u otras unidades de carga) que agrupan diversas unidades de consumo, se utiliza habitualmente el código GTIN-14.

Entre los códigos más utilizados se encuentra el GS1-128, que tiene una longitud variable y suelen aplicarse para las unidades de manipulación logística en combinación con otra información escrita que puede leerse directamente. Los campos que contiene son:

- Identificación de la unidad de consumo contenida en el empaque.
- Número de serie de producción.
- Cantidades.
- Medidas comerciales.
- Número de lote.
- Información para el seguimiento de mercaderías.
- Fecha de fabricación.
- Fecha de vencimiento.

## ¿Cómo reducir las averías mediante listas de comprobación?

Una lista de comprobación (check list) de elementos de manutención consiste en una plantilla con una relación de **aspectos o dispositivos que se deben verificar con periodicidad diaria, semanal o mensual** en los vehículos de almacén (carretillas, apiladores, etc.) para comprobar su correcto estado. Son muy habituales en la operativa de gestión de almacenes y se enmarcan en el mantenimiento predictivo, con el fin de detectar posibles daños o averías en su fase inicial, antes de que se produzcan averías más graves.

Aunque las listas de comprobación suelen variar mucho, en función del fabricante, el tipo de vehículo, los implementos o la normativa interna de cada empresa, existen elementos comunes, como se puede apreciar en el ejemplo de una lista de comprobación diaria para carretillas elevadoras:

| Instrucciones disponibles con  AURUM | CHECK LIST DIARIO CARRETILLA ELEVADORA | | | | | | | Nº CARRETILLA | |
|---|---|---|---|---|---|---|---|---|---|
| FECHA INICIO SEMANA (LUNES) | LUNES | MARTES | MIÉRCOLES | JUEVES | VIERNES | SÁBADO | DOMINGO | Nº SEMANA | |
| | | | | | | | | OBSERVACIONES | |
| LUZ ROTATIVA | | | | | | | | | |
| INDICADOR ACÚSTICO MARCHA ATRÁS | | | | | | | | | |
| BOCINA | | | | | | | | | |
| RUEDAS | | | | | | | | | |
| RETROVISOR/ES | | | | | | | | | |
| LUCES DELANTERAS | | | | | | | | | |
| LUCES TRASERAS | | | | | | | | | |
| DESPLAZADOR LATERAL | | | | | | | | | |
| MASTIL Y MANGUITOS | | | | | | | | | |
| HORQUILLAS | | | | | | | | | |
| GASOIL / CASOLINA / GAS / BATERÍA | | | | | | | | | |
| MANDO APERTURA PUERTAS AUTOM. | | | | | | | | | |
| PINTURA Y ESTRUCTURA EN GENERAL | | | | | | | | | |
| NOMBRE Y FIRMA DEL CARRETILLERO | | | | | | | | NOTA: SI ENCUENTRA UN DESPERFECTO, COMUNÍQUELO A SU ENCARGADO/A Y BLOQUEE LA CARRETILLA, SI ES NECESARIO. | |

Nota: señale con una "V" lo que esté correcto y con una "X" lo incorrecto y comuníquelo

### Uso

- En el ejemplo se identifican una serie de puntos a revisar al principio de la jornada, indicando con una «V» lo que está correcto y con una «X» aquello que no está en buen estado o presenta deficiencias.

- Se debe comunicar cualquier deficiencia o desperfecto con el fin de realizar un mantenimiento correctivo (reparación) o preventivo (se sustituye o actúa sobre una parte del vehículo para asegurar su capacidad operativa).

- En general se suele hacer una lista de comprobación diaria o semanal básica y una mensual para una revisión más detallada y en profundidad.

## ¿Qué es un colchón de tiempo o *buffer* y cómo mejora la productividad?

El colchón de tiempo, también conocido por *buffer*, es una técnica que **se emplea para regular o nivelar los tiempos de trabajo.** Se aplica cuando hay tiempos muertos, como esperas, picos de trabajo, etc., que suponen un desperdicio de tiempo y posterior bajada de productividad, con el fin de reducir o eliminar dichos desperdicios.

### Ejemplo

Un almacén de reexpedición tiene que descargar de una zona y transbordar la mercancía a otra zona en la que se carga al mismo tiempo. El carretillero de descarga debe hacer un trayecto más largo, por lo que el carretillero de carga tiene que esperar y pierde tiempo en cada operación. Para evitar esta situación, los dos comienzan en la descarga y cuando tienen un colchón de tiempo suficiente uno descarga y otro carga sin espera alguna.

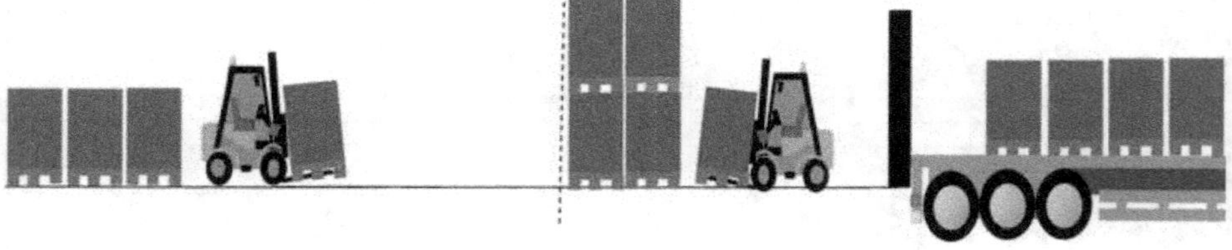

### Uso

Cuando se realizan operaciones no sincronizadas y que dependen unas de otras, es preciso analizar el tiempo y ritmo de cada una. En caso de que una actividad supere a la otra, puede utilizarse un colchón de tiempo para compensar la diferencia de ritmo, con la finalidad de que nunca esté parada una de las actividades.

# El uso de almacenes de flujo rodante

En la mayoría de almacenes se usan técnicas de manipulación que elevan y transportan elevadas cargas individuales. La técnica del flujo rodante consiste en **colocar sobre ruedas a toda la mercancía posible y transportarla** arrastrándola o empujándola por grupos, con el consiguiente ahorro de tiempo y recursos.

## Ejemplo

Un almacén recibe y expide el 100 % de las cargas formadas por contenedores de almacenamiento dispuestos sobre ruedas electrofrenadas. Al llegar al muelle de descarga, las tractoras de arrastre enganchan, desactivan el freno y transportan grandes grupos completos hasta su ubicación en el almacén.

A la hora de mover por el almacén la carga, se enganchan y llevan conjuntos completos, ahorrando movimientos y mano de obra.

## Uso

El flujo rodante se puede conseguir utilizando elementos como:

- Contenedores y jaulas con ruedas tipo roll.
- Soportes con ruedas sobre los que colocar palés u otras unidades de carga.
- Estructuras metálicas a medida con ruedas.
- Bultos a los que se les pueda atornillar ruedas.
- Tanquetas y otros dispositivos para transporte rodado.

## ¿Qué son las microinstrucciones instantáneas y cómo se usan?

Las microinstrucciones instantáneas o *mic-ins* son un método propio de la filosofía AURUM mediante el cual **una persona realiza una tarea prefijada** (montaje, inspección, reparación, etc.) paso a paso, **a través de instrucciones sencillas, proporcionadas por un dispositivo inteligente.** Las mic-ins se caracterizan por:

1. Cada paso es una microinstrucción diferente.

2. El dispositivo debe poder pararse hasta recibir una entrada (detección visual, confirmación por voz, etc.) de que se ha realizado la acción requerida para continuar con el siguiente paso.

### Ejemplo

- Una responsable de planificación recalcula stocks de seguridad y nuevas órdenes de producción siguiendo las microinstrucciones de unas gafas inteligentes.

- Un operario realiza labores de ensamblaje de productos complejos, mientras es guiado por un sistema de apoyo a la preparación de pedidos por voz e inteligencia visual artificial.

### Uso

Las microinstrucciones instantáneas permiten realizar labores complejas, de modo similar a cuando montamos un mueble a partir de un documento con instrucciones. Además, el uso de dispositivos inteligentes permite marcar tiempos y ritmos, conectar a diversos usuarios, etc. Los hay de muchos tipos:

1. **Según el dispositivo que transmite las microinstrucciones:** gafas, teléfonos o relojes inteligentes, tabletas, pantallas o auriculares.

2. **Según el tipo de microinstrucciones:** fotos, dibujos, voz, realidad aumentada o texto, entre otras.

# ¿Cómo se usa la nanotecnología en almacenes?

Un nanómetro (nm) equivale a la millonésima parte de un milímetro. La **nanotecnología aborda el desarrollo de materiales, maquinas, estructuras o reactores** a esa escala. Tienen múltiples propiedades y usos y, aunque es una tecnología emergente, cuenta ya con numerosas aplicaciones en la industria y en la prestación de servicios de almacenamiento.

## Ejemplo

- Un operador logístico recubre el suelo de sus instalaciones con repelentes de suciedad y disminuye su gasto en limpieza en 10.000 €/año.
- Una distribuidora usa envases modificados con nanotecnología para retrasar el envejecimiento de frutas y verduras hasta tres semanas.

## Solución

Algunas de las aplicaciones más conocidas son:

- Envases inteligentes, más resistentes y que pueden transmitir datos (trazabilidad, calidad del contenido, etc.).
- Sensores invisibles, que permiten controlar mejor los procesos.
- Materiales resistentes y de superficies que repelen la suciedad para crear estructuras.
- Embalajes que alargan la vida del producto biológico.
- Estructuras capaces de transmitir energía a bajo costo para vehículos de almacén.
- Detectores de sustancias nocivas.

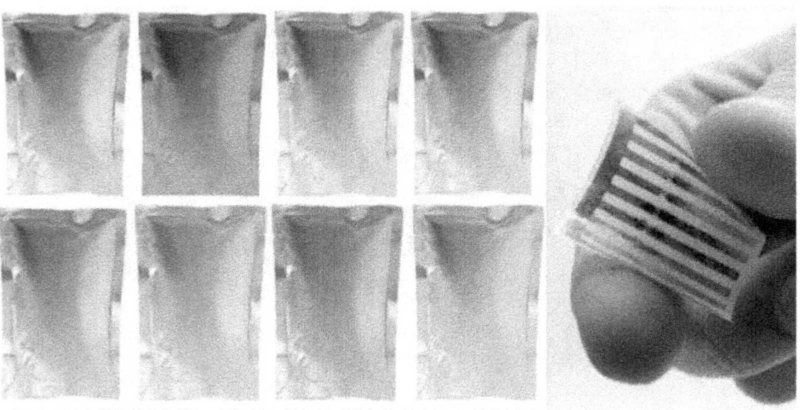

# La manipulación modular en almacenes para transporte terrestre

Se denomina manipulación modular de almacén a una técnica mediante la que, en lugar de trabajar con multitud de cargas sueltas (cajas, palés, sacos, etc.), **se introducen las cargas individuales en elementos modulares, tales como contenedores o depósitos,** para los movimientos u operaciones en el proceso de almacenamiento.

La filosofía es similar a la del contenedor marítimo, ferroviario o terrestre, agrupando mercancías y moviendo unidades de carga de mayor dimensión.

## Ejemplo

Una pequeña empresa de mensajería local no tiene personal de almacén. Para agilizar los procesos de trabajo, recibe módulos de entre 1 y 12 m³ con multitud de sobres y pequeños paquetes o palés en su interior, que los propios transportistas cargan desde el camión de llegada hasta sus vehículos, sin necesidad de realizar otras manipulaciones.

## Uso

A pesar de utilizarse desde hace muchos años, el uso de sistemas modulares en el transporte terrestre no ha conseguido estandarizarse, como sucede en otros modos de transporte. Los pasos para valorar su uso son:

1. Seleccionar o diseñar los elementos modulares que se pretende utilizar y verificar que se podrán usar en todas las partes de la cadena (transporte de entrada, almacén y transporte de salida).
2. En caso contrario, definir los cambios necesarios para poder operar integralmente con los elementos modulares.
3. Realizar un plan de inversión **(ficha B4)** analizando la viabilidad del cambio.
4. Realizar un plan de acción para su implementación **(fichas B2 y B3).**

*Uso del contenedor Conex durante la guerra de Corea (1952).*

Reducción de costos en almacén

# El análisis «qué pasa sí» como herramienta de eliminación de riesgos

El sistema de análisis «qué pasa si» es una herramienta para considerar posibles riesgos y establecer pautas para eliminarlos. A través de ella se pueden **simular distintas situaciones o casuísticas y determinar qué tipo de peligros pueden generarse,** con sus correspondientes costos adicionales, a fin de determinar qué hacer en cada caso para minimizarlos.

## Ejemplo

Una empresa de transporte chilena es responsable de un tráfico de suministro continuo entre una mina de cobre de Rancagua y el puerto de Valparaíso. Suele tener incidencias debido a retrasos y otros factores, lo que genera relaciones muy tensas con su cliente. Decide hacer un equipo de trabajo y desglosar diferentes escenarios «qué pasa si» con el fin de determinar riesgos. Descubre que no están preparados para siete posibles escenarios y deciden establecer planes de contingencia para cada uno de ellos.

## Uso

Este sistema de análisis suele aplicarse mediante reuniones, con los siguientes pasos:

1. Definir el ámbito de estudio.
2. Recopilar información histórica o relevante.
3. Convocar un grupo de trabajo y exponerle los datos recopilados.
4. Plantear al grupo distintos escenarios «qué pasa si» para que analicen consecuencias.
5. Se pide al grupo que realice recomendaciones para realizar una operativa adecuada.
6. Se establecen planes de contingencia **(ficha E23).**

| ¿Qué pasa si...? | Riesgos o consecuencias negativas | Recomendaciones |
|---|---|---|
| Hay un adelanto en la salida del buque y no se ha llevado toda la mercancía solicitada hasta el puerto, ni hay vehículos suficientes para poder llevarlo todo en el plazo que reste | • Sanciones por flete muerto que puedan repercutirse <br> • Posible pérdida de la cuenta <br> • Impacto negativo en la imagen de marca | • Trabajar siempre sobre la peor fecha posible <br> • Buscar colaboradores alternativos para aumentar la capacidad de envíos <br> • Mejorar la comunicación con la naviera <br> • Negociar más días operativos en el puerto para poder llevar antes las cargas |
| Hay un problema climatológico importante que impide la circulación durante unos días | • Imposibilidad de cumplir el suministro previsto a puerto <br> • Posibles sanciones y controversias con el cliente | • Realizar cuadros de capacidades <br> • Tener en cuenta en la programación las previsiones meteorológicas <br> • Establecer acuerdos para lograr medios de refuerzo compensatorios <br> • Tener un stock de seguridad en el puerto |

Avda. Alcalde Moix, 28 – 08207 Sabadell (Barcelona) – Tel. +34-931 429 486 – marge@margebooks.com – www.margebooks.com